作者简介

刘轶，上海社会科学院文学研究所研究员，

上海视觉艺术学院教授，

近年论著有《四库全书本〈青囊奥语〉初解》

《坤壬乙『巨门』『文曲』小考》

《蒙卦与城市文化新解》等。

小　引

　　蒋平阶，初名雯阶，后更名为平阶；字驭闳，又字六鸿，或作大闳；号斧山，别号杜陵生，屈大均称之为杜陵翁，门人尊称其杜陵夫子；明末清初华亭张泽镇人，云间派词人、晚明反清志士、玄空地理学重要代表，今可见《支机集》《东林始末》《地理辨正》《天惊秘诀》等著作。当代学者对他的研究，大多集中于他的诗词艺术，稍早如施蛰存先生、师陀先生[1]，近年则有林玫仪先生、刘勇刚等学人[2]。对他的历史著作，关注的人并不多[3]。颇为有趣的是，蒋平阶在后世广为人知，因为他是民间口口相传的"地学大师"，其玄空理论影响至深。蒋氏在这一领域具有巨大的影响力，后世地学诸家无论是褒是贬，他似乎都是一个绕不过去的所在，对后来者造成了深远的"影响的焦虑"。今日对蒋氏之研究，

---

[1]　如施蛰存先生的《蒋平阶及其〈支机集〉》(《词学》第二辑)、师陀先生的《蒋平阶研究》(《师陀全集》第五卷)。

[2]　如林玫仪《〈支机集〉完帙之发现及其相关问题》(《词学》第十五辑)、刘勇刚《云间派文学研究》(中华书局 2008 年版)等。

[3]　近年来仅见阚琇声《〈明史纪事本末・东林党议〉与〈东林始末〉关系考》(《齐鲁学刊》第 224 期)。

无论从哪一角度来看，都有进一步拓展的可能。

蒋平阶的生平事迹，见于《清史稿》《南明史》诸书，亦见于《绍兴府志》《华亭县志》《松江府志》《青浦县志》《娄县志》《张泽志稿》等地方志，及《全清词钞》《明诗纪事》《清诗别裁集》《艺海珠尘》《友石居杂识》《续陈子龙年谱》《社事始末》《南吴旧话录》《静志居诗话》《阳宅得一录》《水龙经》《地理辨正》《地理古镜歌》《从师随笔》等著作。但这些记载有许多可疑之处，尤其是民间所传的记录，如其生卒年、反清义举以及以青乌术自给等事迹，都呈现出驳杂、相互抵牾之处，需仔细辨别，不可全然相信。他的人生轨迹和思想，需要在这些资料间慢慢搜寻。对今日研究者而言，梳理蒋平阶的人生道路及生平交游，分析他所留下的文字，并设身处地地从当时的社会背景出发，才能还原一个真实、有血有肉、个性鲜明的历史人物。需说明的是，本书主要想探讨蒋平阶的生平及相关问题，故而对其与明末社会政治、文学社团等话题，不拟做过多分析。

纵观蒋氏一生，大致可以分为三个阶段。第一个阶段，是他青春年少、才情展露之时。这个时期的蒋平阶才华横溢，《华亭县志》称其"少从陈子龙游，诗文详瞻典丽"，《松江府志》介绍他"年十八，从陈黄门游，诗文日益有名，性豪隽，有古义侠风"，《绍兴府志》则更为夸张，说陈子龙、夏允彝等主坛坫之时，对其才华人品极为赞叹，"见平阶，大惊，亟邀入社"。这个时候他与云间文人往来唱和，度过了人生中奔放、洒脱的美好时光。第二个阶段，是他反清救明、奔走沙场之时。这个时候的蒋平阶穿梭于福建、江浙，联络反清义军，常常身处险境，却依旧慷慨激昂，以天下为己任。《南明史》记载他在明末乱世之时，抱救国之心，"谒福京，授兵部司务，迁浙江道御史"，可见一片入世热心肠。永历元年，他又"从张名振接应嵩江，飓风舟覆得免。胜兆败，入太湖军"，"再游山东、直、浙，联合忠义"，大略可见其心志不改、四处奔波之状。《研堂见闻杂录》载吴胜兆兵败之后，"一时株连者，皆天下名士，如陈子龙、侯峒曾、顾咸正、蒋霙阶辈，无不狼藉诛夷，妻孥俘掳"，可从中体味到他在反清失败后牵连被缉、流亡颠沛之苦。第三个阶段，是他反清不遂，为躲避清廷追捕，选择以道士形象避世，终以"黄冠亡命，以青乌术自给"。这一阶段的蒋平阶，一方面对过往难以忘怀，心中依然隐约有着反清复明之志，不但坚辞博学鸿儒之荐，且"每谈几社人事，感激跌宕，涕泪随之"；另一方面将人生寄托于幽谷深山，"假青乌之术，浮沉于世"。也正是这个阶段，他常常被后人误解，也常被一些江湖术士攀附，使得他的形象被玄学的迷雾遮蔽，以致模糊了真实的面目。

蒋平阶经历的一生，乃经世巨变的大转折时期，是山河激荡、国破不堪之时，亦是亲人别离、友朋分野之时。其时外患正烈，而内斗亦酣，闽鲁各王纷争正统，郑芝龙等权臣又各怀私心，忠义志士大多空怀报国之心而难觅报国之路。身处其中的每一个人，都被卷入这一巨变之中。每个人都在这巨变中选择了自己的人生道路，蒋平阶自然也选择了他自己的道路：在这个内忧外患的时代，他既是云间词派的代表，也是知名的反清志士，同时还是明清以来著名的地学大师和隐逸高士。何絜曾作诗赠蒋平阶："几社存耆旧，飘零早白头。诗名追历下，文体法弇州。阅世才应敛，全身志未酬。因兹余涕泪，不肯话封侯。"可谓道尽了蒋平阶一生的心路历程。无论他最终是否对那个时代和社会深感失望，他都坚守了自己的底线：不屈节求荣，不献媚于世，得意时尽责为公，危急时挺身而出，失意时淡定从容。无论入世出世，皆如翠竹松柏，不降其志。其人其文，正如赵尊岳所言："盖甲申之变，内乱外患，相迫而来，忠义之流，势穷力促；或挥鲁阳之戈，或励薇葛之巾，而要多托于变徵之音，其人固大节凛然，其词自亦纯金璞玉矣。"[1]

---

[1] 赵尊岳：《惜阴堂汇刻明词记略》，《明词汇刊》(下)，上海古籍出版社 2012 年版，第6页。

目录

小　引　　　　　　　　　　　　　　　　　　　1

第一章　生卒年考及相关问题

一、生卒年小考　　　　　　　　　　　　　3
二、生平事迹　　　　　　　　　　　　　　11
三、蒋氏家族　　　　　　　　　　　　　　24
四、蒋平阶后人　　　　　　　　　　　　　31

第二章　生平交游及相关问题

一、恩师陈子龙　　　　　　　　　　　　　39

二、友人夏完淳　　　　　　　　　　　　　45

三、友人陈维崧　　　　　　　　　　　　　50

四、友人张煌言　　　　　　　　　　　　　58

五、友人施闰章　　　　　　　　　　　　　62

六、友人毛奇龄　　　　　　　　　　　　　67

七、门生姜垚　　　　　　　　　　　　　　71

八、门生周积贤与沈亿年　　　　　　　　　77

九、王倩诸友　　　　　　　　　　　　　　81

第三章　诗词创作及相关问题

一、诗词著作　　　　　　　　　　　　　　95

二、诗词艺术　　　　　　　　　　　　　　116

第四章　地理之学与《地理辨正》

一、地学著作述要　　　　　　　　　　　　125

二、《地理辨正》及相关问题　　　　　　　138

第五章 《水龙经》与《阳宅指南》

一、《水龙经》及相关问题   175

二、《阳宅指南》及相关问题   197

附：蒋平阶年谱简编   209

参考文献   278

第一章

生卒年考及相关问题

蒋平阶因参与反清义举，虽著诗文多种，然大都散失。其人事迹，清人诸书只略加记载，甚或有意含混其辞，颇为可疑。如对其生卒年、反清经历等重要事件，各类记载呈现出驳杂、甚或相互抵牾的情况。故而对蒋平阶生平大事，需详细爬梳有关文献，才能从中寻找出较为可靠的线索。本文拟就此略述其要，供诸贤教正。

一、生卒年小考

关于蒋平阶的生卒年，史书未有明确记载，后世诸家所言亦不可确证，故施蛰存先生云"其生卒年不可考"[1]。有人推测他生于 1615 年，卒于 1714 年，享寿百岁，实不可信[2]。有人言其生于 1616 年，卒于 1714 年，也无从考证[3]。甚至有人称其出生于 1616 年 12 月 27 日辰时，卒于 1714 年之后，却无任何举证，难以置信[4]。有人推测他生于 1623 年左右，[5] 还有传其生于 1620 年，卒于 1714 年，等等，大多以讹传讹，并无实据可查。

据陈子龙门生、蒋平阶同门王沄所写《蒋侍御大鸿平阶》一

---

［1］ 施蛰存:《蒋平阶及其〈支机集〉》,《词学》(第二辑),华东师范大学出版社 1983 年版,第 224 页。
［2］ 邢砚斐:《华亭一平阶,云间翱大鸿——几社成员蒋大鸿生平考略》,《松江报》2013 年 2 月 17 日第八版。
［3］ 毕义星、毕红星、毕江军著:《毕氏进士》,山东人民出版社 2013 年版,第 576 页。
［4］ 冠元:《和谐风水——玄空操作实务》,中国商业出版社 2010 年版,第 223 页。此说法或出自民国抄本《蒋氏家藏地理抄稿传家阳宅得一录》,其书前有《誓单》云:"皈真传道弟子蒋元柯本命万历丙辰年十二月二十七日辰时生。"但《誓单》随后又云"大明万历八年九月初五日立",所录时间前后矛盾。《传家阳宅得一录》一书,传为蒋平阶所著,但此书前《誓单》或为伪造,或此《誓单》之蒋元柯与蒋平阶并非一人。
［5］ 陈雪涛:《阳宅心要》,武陵出版社 2007 年版,第 26 页。

诗小注中，云："先师门人，年七十，客死会稽。杜陵，其别字也。"[1]钱海岳《南明史》亦明确记载，蒋平阶享寿只有70或者71，并未至百，云其"卒以道士服殓，年七十一"[2]。可见蒋平阶享寿大有可能为70或71。但这一记载在后人所撰的相关文章中，竟然被有意无意地遗忘了[3]。此种遗忘或出于疏忽，或是民间术士为了神化蒋平阶而刻意为之。

故而蒋平阶生卒何年虽然没有明确的记载，但如果确定了他的寿年，再根据相关史料，大致可以推测出来。

《清史稿》涉及其生卒之年，仅一句话："平阶生于明末"[4]。《绍兴府志》载："明末华亭夏允彝、青浦陈子龙主几社坛坫，招致海内文人，见平阶，大惊，亟邀入社……康熙十七年，朝廷开史局，征博学鸿词，故人欲为平阶地，亟驰书止之。……遗命葬若耶之樵风泾。"[5]《华亭县志》载："嘉善籍诸生，崇祯间，在几社有声。乙酉亡去，赴闽……闽破，服黄冠亡命。假青乌术，游齐鲁，转徙吴越，乐会稽山水，遂止焉。卒，遗命葬若耶之樵风泾。凡天文、地理、阴阳、历数之书，洞究无遗。尤谙兵法，时遇权阉，未展所学，晚益精堪舆。康熙间，有欲以博学鸿词荐者，

[1]［清］王沄：《王义士辋川诗钞》，中华书局1985年版，第10页。
[2]钱海岳：《南明史》卷四十五《列传》第二十一，中华书局2006年版，第五册第2175页。
[3]如邢砚斐所作蒋大鸿生平考略，引用《南明史》中蒋平阶诣福京、弹劾郑芝龙、入太湖军、黄冠亡命等事，却偏偏没有提及"年七十一"的记载。
[4]赵尔巽等撰：《清史稿·列传》二百八十九《艺术》一，中华书局1998年版，第3553页。
[5]［清］李亨特等：《重修绍兴府志》卷六十三《人物志》二十三，乾隆五十七年刊本。

大鸿亟止之。"[1]《松江府志》载："明诸生，年十八，从陈黄门游，……晚业堪舆，精其术。"[2]《静志居诗话》云："蒋雯阶，字驭闳，更名平阶，字大鸿，嘉善县学生。"[3]

上述史料所载情况基本一致，应该能确定蒋平阶出生于明末，诸生，早年入几社，十八岁师从云间大儒陈子龙。后从事反清义举，兵败后以黄冠避世，以青鸟术自给，康熙年间辞博学鸿儒科不就。若按《南明史》和王沄所记载，蒋平阶70岁或71岁卒于会稽。

"几社"，为陈子龙等人于崇祯二年（1629年）创建，其含意为"几者，绝学有再兴之几，而得知几其神之义也"[4]。《社事始末》对"几社"几次重大的活动和参与人都有着较为详细的记载。其中值得注意的有：壬申（崇祯五年，1932年），王沄入几社，几社有《壬申文选》，以及《几社会义初集》选百人之文。甲戌（崇祯七年）及乙亥（崇祯八年），陈子龙、夏允彝下第，专事古文词文会。丙子（崇祯九年），几社刻有《几社会义二集》，戊寅（崇祯十一年），刻有《几社会义三集》，己卯（崇祯十二年），刻有《几社会义四集》，杜氏谓此时"几社人才辈出，非游于周、徐、陈、夏之门不得与也"。庚辰（崇祯十三年）及辛巳（崇祯

———————————

[1] ［清］杨开第修、姚光发等撰：《重修华亭县志》卷十五《人物》，光绪四年刻本。
[2] ［清］宋如林等修，孙星衍、莫晋等纂：《嘉庆松江府志》卷五十六《古今人传》八，嘉庆戊寅年刻本。
[3] ［清］朱彝尊：《静志居诗话》卷二十二，扶荔山房嘉庆己卯年刻本。
[4] ［清］杜登春：《社事始末》，中华书局1991年版，第3页。

十四年），几社刻有《几社会义五集》。壬午（崇祯十五年）冬，"周宿来先生茂源，与陶子冰修恺、蒋子驭闳雯阶、蔡子山铭岘、吴子日千骐、计子子山安后改名南阳，集西郊诸子为一会，有《雅似堂》之刻"。癸未之春（崇祯十六年春，1643年），"余与夏子存古完淳，有西南得朋之会，为几社诸公后起之局。诸社文会，悉来敦请，皆谢绝不与"[1]。王沄则在《越游记》中提及："予遂以癸未春适越……我乡戚以游览至者……周宿来也。周子与蒋子大闳，先予从越游者也。"[2]此处"蒋子大闳"即蒋平阶。师陀先生认为："陈子龙当时任绍兴司李（即司理）。大约他于崇祯十五年又到绍兴，作为陈子龙的客人，并听刘宗周讲学。"[3]陈子龙《自谱》原注云"先生为司李时，乐引后进"，从另一个层面可佐证蒋平阶极有可能在此时正式拜入陈门。

故以蒋平阶年18（或虚岁18，实岁17岁）入陈门，并留出刻集所需的时间，其入陈门最早为己卯年（1639年），最晚为壬午年（1642年），推算出生年为1621—1624年。

另外，蒋平阶在崇祯十年至十四年，作为长乐知县夏允彝的随从人员南下福建，参与海防。其间，蒋平阶与陈子龙有过通信。陈子龙给他的一次回信中说道："前读手书兼诸诗文，知足下文词玮丽，日新富有，真翩翩才良也。……南驿至，得所寄荔枝，启

---

[1]［清］杜登春：《社事始末》，中华书局1991年版，第9、10页。
[2]［清］王沄：《王义士辋川诗钞》，中华书局1985年版，第746页。
[3]师陀：《蒋平阶诗稿杂谈》，《师陀全集第五卷》，河南大学出版社2004年版，第474页。

蒋平阶研究

甕芬发沾手，掇噉甘香经日。……仆近益荒惰，承索新制，令人赧然。"[1]从此信中，可以得知蒋平阶从福建给陈子龙邮寄了荔枝，并向陈子龙索请诗文。陈子龙对他也表现出爱才、亲近之意。从信的语气来看，蒋平阶与陈子龙的关系应该已经比较熟悉了。假设此时蒋平阶已经入陈门，从时间上来推算，其生年则为1621年，与上述推测接近。不过依"仆近益荒惰，承索新制，令人赧然"等句，蒋平阶与陈子龙此时的关系，更似亦师亦友之间。

另外，南开大学馆藏珍本《迦陵词稿不分卷》中也有着重要的线索。该珍本有史可程、蒋平阶、尤侗、吴琦跋，为确认蒋平阶的生年留下了旁证。在第二册目录后有《陈其年词集序》，序文作于康熙十六年（1677年），撰者落款为"同学友弟蒋平阶大鸿撰"。序文后有"蒋平阶印"白文方印，"大鸿"朱文方印。[2]依其文意，同时参考陈维崧与蒋平阶之交游经历，可知蒋平阶或与陈维崧年岁相仿，或略比陈维崧稍幼，就算稍长于陈维崧，亦相差无几，而陈维崧生卒年为1625—1682年，[3]以此计算，兼顾前面所说的各时间点，则蒋平阶生年可以后推至1625年左右。

有人认为，蒋平阶"十八岁遇陈子龙，并获邀入几社，开始师事陈子龙"："大概是崇祯十四年，即一六四一年，明王朝已接

---

[1] ［清］陈子龙：《与蒋驭闳书》，《安雅堂稿》卷之十八卷，北大图书馆藏刓末刻本。
[2] ［清］陈维崧：《迦陵词稿》，南开大学图书馆藏手稿本。
[3] 参见：马祖熙《陈维崧年谱》，上海古籍出版社2007年版；周绚隆《陈维崧年谱》，人民出版社2012年版，等。

近瓦解，蒋大鸿，那时还叫蒋雯阶或蒋驭闳，南游福建，作为长乐知县夏允彝的客人。其时陈子龙《与蒋驭闳书》中说：'前读手教及诸诗文，知足下文词瑰丽日新富有，真翩翩才良也'……因此，推算蒋大鸿生于明末之一六二三年间，即明天启四年。"[1]这种计算虽近事实，但将蒋平阶南游福建、陈子龙回信以及蒋平阶拜陈子龙门下的时间全部笼统地界定为1641年，稍显粗略。

有人以为蒋氏应出生于1614年或1615年，计算方法以杜登春《社事始末》载壬申年（1632年）几社"扩至百人"，"同郡少年后进争师事之"，故以此"壬申年"为蒋氏入陈门之时，并据蒋氏"年十八，从陈黄门游"，得出蒋氏出生于1614年或1615年。然细读杜氏《社事始末》，壬申年《几社会义初集》扩至百人，杜氏详细列举50余人（包括王沄等人），独不见蒋氏之名。以平阶当时之名望、与杜氏之关系，杜氏不可能不知；若与会，则不可能不列举。因此，蒋氏入陈门应不在壬申年，以此为时间节点推算蒋氏出生于1614年或1615年并不可靠。

从上述资料推测，蒋平阶的生年最早为1621年（最晚为1625年）。至于蒋平阶的卒年，据《南明史》和王沄所载，以71岁计算，应该在1692年左右（最晚为1696年左右）。

另外，《地理录要》有蒋氏序文云："岁在己亥日月会于玄枵之次中阳大鸿氏题于会稽之樵风泾"[2]，可见蒋平阶在1659年已开

---

[1] 陈雪涛：《阳宅心要》，武陵出版社2014年版，第25—26页。
[2] ［清］蒋大鸿：《天元歌原序》，《地理录要》，嘉庆壬戌年刻本。

始以青乌术自给。《传家阳宅得一录》书后所记:"岁在丁巳六月蒋平阶大鸿氏撰"[1],可知蒋平阶在康熙十六年(1677年)尚健在。再如《地理辨正》记载:"辛酉华亭蒋平阶大鸿氏敬告"[2],可知蒋平阶在康熙二十年尚健在。

关于蒋平阶最晚的事迹,是据称为姜垚所著《从师随笔》之记载:"沈孝子,东关人,亲死下葬,地师为之立辰戌兼乙辛山向。夫子与余过此,孝子抚棺大哭,其状甚惨。师询观者,知其孝行,为之立乾巽向。葬后十年,孝子以商起家,积资十余万,生子数人,皆容貌魁伟聪明过人。葬时为上元甲午年春二运。"[3]《续水龙经》第二卷《序》亦载其康熙五十三年归乡里,于焦山寺遇虚无上人得《水龙》一经之事:"壬辰岁,……荏苒不觉有二年矣。后计归乡里,渡长江至金焦之间,时薄暮,狂风大作,骇浪千尺,如金蛇万道,茫然无计。夕泊焦山寺前,闻有虚无上人者,乃丛林中一了道师也……今与余作竟夕谈,深知余于阴阳之理,尚克讲求,遂慨然授之。"[4]若以此计算,则康熙五十三年(1714年)蒋平阶仍然健在。按照其寿年70或71计,逆计之,则蒋平阶出生于1643年或1644年。这明显与其生平事迹不合。如果以1625年开始计算,康熙五十三年蒋平阶寿年已有90,则与史载享寿70或71不合。若《从师随笔》和《续水龙经》记录正确,

---

[1] [清]尹有本辑:《传家阳宅得一录》,《四祕全书十二种》,嘉庆丁卯年刻本。
[2] [清]尹有本辑:《地理辨正补义五卷》,《四祕全书十二种》,嘉庆丁卯年刻本。
[3] [清]姜垚:《从师随笔》,《沈氏玄空学》,中央编译出版社2011年版,第486页。
[4] 郭景纯著、蒋平阶辑:《水龙经》,海南出版社2003年版,第335页。

则王沄所记和《南明史》所载其寿年有误，否则《从师随笔》和《续水龙经》所说有误。未知孰是孰非。

综上，对蒋平阶的生卒年，一个比较合理的推断是：蒋平阶出生于1621—1625年之间，其在16岁左右陪同夏允彝南下福建，习海防，准备建功立业。在此期间，与陈子龙书信往来，愿拜入陈门。崇祯十四年，蒋平阶从福建返还，大约此时正式拜入陈门，其文章在崇祯十五年入选陈门的《雅似堂》之集。以《南明史》和王沄所载其寿年71计，最晚卒于1696年左右。依《从师随笔》记载及《续水龙经》之序，则康熙五十三年蒋平阶仍然健在，其寿年至少逾90。

二、生平事迹

　　蒋平阶之生平事迹，各传皆有记载，大致相同。"关于蒋平阶这个人，《松江府志》《华亭县志》《青浦县志》《娄县志》有传，《嘉兴府志》《嘉兴县志》《绍兴府志》流寓门有传，《华亭县志》的传来自《绍兴府志》，嘉兴府县志的传是由《槜李诗系》摘录，……我们根据上列府县志及其他各书的零星记载，知道他初名雯阶，字驭闳，号斧山，华亭县张泽镇人，明末嘉善籍诸生；后更名为平阶，字大鸿，或作大闳，别号杜陵生，屈大均称之为杜陵翁，那已经是他的晚年了。"[1]

　　除师陀先生所提各府县志外，对蒋平阶有着较全面介绍的，还有《清史稿》、钱海岳《南明史》，以及散见于各堪舆类书籍中的零星记载。

　　《清史稿》所载蒋平阶之传文如下：

　　蒋平阶，字大鸿，江南华亭人。少孤，其祖命习形家之学，

---

[1] 师陀：《蒋平阶的生平》，《师陀全集第五卷》，河南大学出版社 2004 年版，第 486 页。

十年，始得其传。遍证之大江南北古今名墓，又十年，始得其旨；又十年，始穷其变。自谓视天下山川土壤，虽大荒内外如一也。遂著地理辨正，取当世相传之书，订其纰缪，析其是非，惟尊唐杨筠松一人，曾文迪仅因筠松以传。其于廖瑀、赖文俊、何溥以下，视之蔑如。以世所惑溺者，莫甚于平砂玉尺一书，斥其伪尤力。自言事贵心授，非可言罄，古书充栋，半属伪造。其昌言救世，惟在地理辨正一书。后复自抒所得，作天元五歌，谓此皆糟粕，其精微亦不在此，他无秘本。三吴两浙，有自称得平阶真传及伪撰成书指为平阶秘本者，皆假托也。从之学者，丹阳张仲馨，丹徒骆士鹏，山阴吕相烈，会稽姜垚，武陵胡泰徵，淄川毕世持，他无所传授。姜垚注青囊奥语及平砂玉尺辨伪、总括歌，即附地理辨正中。平阶生于明末，兼以诗鸣。清初诸老，多与唱和。地学为一代大宗，所造罗经，后人多用之，称为"蒋盘"云。[1]

《清史稿》此传，颇有"春秋笔法"。正如师陀先生所言"各府县志"的记载，"它们共同的特点是对蒋平阶参见反清活动避而不谈"——《清史稿》虽然将其放在"艺术"类专传，但这种意图依然隐约可见。在此传中，完全避开他的反清之举不讲，故意把后人的视线和关注点引向蒋平阶的风水术，让人误以为蒋平阶仅是一个有名的风水师而已。《清史稿》此传的内容，大部分又见

[1] 赵尔巽等撰：《清史稿·列传》二百八十九《艺术》一，中华书局1998年版，第3553页。又：姜垚之"尧"，实为"垚"。

于清代堪舆类书籍，尤其是相传为蒋平阶所著《地理辨正》一书。其书原序云：

> 余少失恃，壮失怙。先大父安溪公早以形象之书孜孜手授，久而后知俗学之非也。思穷径绝，乃得无极子之传，于游方之外，习其所传又十年。所于是，远溯黄石、青乌，近考青田、幕讲，彼其言盖人人殊而厥旨则一，且视天下山川土壤，虽大荒内外亦如一也。其庶乎地学之正宗在是，辄欲举其说以告学者，又不容显言无已，则取当世相传之书，订其纰缪，而析其是非，使言之者无罪，而闻之者有所征戒，而不至于乱。辨正之书所以作也。[1]

又如《辨伪文》云：

> 仆弱冠失恃，先大父安溪公命习地理之学，求之十年而始得其传，乃以所传遍证之大江南北古今名墓。又十年而始会其旨，从此益精求之。又十年而始穷其变，而我年则已老矣。姚水亲陇告成，生平学地理之志已毕，自此不复措意。夫岂不欲传之其人，然天律有禁，不得妄传。苟非忠信廉洁之人，未许与闻一二也。丹阳张孝廉仲馨、丹徒骆孝廉士鹏、山阴吕文学相烈、会稽姜公子垚、武陵胡公子泰徵、淄川毕解元世持，昔以文章行业相师，

---

[1]［清］蒋平阶：《地理辨正原序》，《地理辨正翼六卷》，光绪文光堂刻本。

因得略闻梗概。此诸君子，或丹穴凤维，或青春鹓荐，皆自置甚高，不可一世，盖求其道以庇本根，非挟其术以为垄断，故能三缄其口，不漏片言，庶几不负仆之讲求尔。若夫中人以下，走四方求衣食者，仆初未尝不怜之，然欲冒禁而传真道，则未敢许也。至于仆之得传，有诀无书，以此事贵在心传，非可言罄。古书充栋，半属伪造，故有辨正一书，昌言救世，后复自言所得，作天元五歌，然皆庄蒙所谓糟粕，必求精微则亦不在此也。此外别无秘本，私为一家之书。近闻三吴两浙都有自称得仆真传以自炫鬻者，亦有自撰伪书，指为仆之秘本以瞀惑后学者。天地之大，何所不容？但恐伪托之人心术鲜正，以不正之术谋人身家，必误人身家；以不正之书传之后世，必贻祸于后世。仆不忍不辨，惟有识者察之。[1]

可见《清史稿》之传，与《地理辨正》之《序》及《辨伪文》同出一源。

王玉德先生认为："清初的相地大师是蒋平阶，他向祖父学习了十年相地，又遍证大江南北的名墓，撰写了《地理辨正》一书。他认为事贵心授，非可言罄，古书充栋，半属伪造。其弟子有张仲馨、骆士鹏、吕相烈、姜垚、胡泰征、毕世持等"，又言："清代的方士已经完全退居社会末流地位，代之而起的是精通数学、

---

[1]［清］蒋平阶：《辨伪文》，《地理辨正翼六卷》，光绪文光堂刻本。

医学、建筑、天文历法的畴人。从《清史稿》看，方士已经失去了昔日作为宫廷贵宾的显赫地位，沦落江湖。"[1]此处关于蒋平阶的介绍和相关评论，大抵亦基于《清史稿》而来。

《绍兴府志》载蒋平阶生平：

> 蒋平阶，字大鸿，江南华亭人也。明末华亭夏允彝、青浦陈子龙主几社坛坫，招致海内文人，见平阶，大惊，亟邀入社。及明亡，唐王僭号于闽。平阶赴之，授兵部司务，晋御史，抗疏劾郑芝龙跋扈。志士壮之。福建破，遂亡命，服黄冠，假青乌之术，浮沉于世。东至齐鲁，登泰岱，谒曲阜，转徙吴越间，乐会稽山水，遂家焉。康熙十七年，朝廷开史局，征博学鸿词，故人欲为平阶地，亟驰书止之。平阶诗文详瞻典丽，宗云间派，以西京盛唐为要归，于书宏览，洞究无遗。好谈几社人侠事，感慨跌宕，滚滚不能休。酒阑烛炧，涕泪随之，闻者服其才而哀其志焉。著书十余种，卷以百计，殁后皆散落无存。遗命葬若耶之樵风泾。[2]

此志谈及蒋平阶反清、拒入博学鸿词科等事迹，与《清史稿》一味强调其"习青乌之术"大有差别，这使得蒋平阶的人物形象立体和鲜明了不少。平阶"东至齐鲁，登泰岱，谒曲阜，转徙吴越间"，则可从当时与之交游的屈大均、陈维崧、张笃庆诸子诗文

---

[1] 王玉德：《方士的历史》，中国文史出版社 2005 年版，第 33 页。
[2] [清] 李亨特等：《重修绍兴府志》卷六十三《人物志》二十三，乾隆五十七年刊本。

中找到线索。此事后文详叙。

《嘉庆松江府志》载：

蒋平阶，字大鸿。明诸生，年十八，从陈黄门游，诗文日益有名，性豪隽，有古义侠风。晚业堪舆，精其术。今言三元法者，皆宗平阶。[1]

此志小注云源于《娄县志》，可见引于别志。

《地理古镜歌》开篇云：

大鸿，字平阶，又号中阳子，江南华亭人。明亡，唐王僭号，授兵部司务，历御史，福建破，遂亡命。入务本朝，其友欲以博学鸿儒荐大鸿，止之。卒于绍兴。着书十余种，卷以百计，皆散失。[2]

此传大抵亦从别处转录而来。

《华亭县志》载：

蒋平阶，字大鸿，居张泽，尔扬犹子。嘉善籍诸生，崇祯间，在几社有声。乙酉亡去，赴闽。唐王授兵部司务，晋御史，劾郑

---

[1]［清］孙星衍、莫晋：《嘉庆松江府志》卷五十六《古今人传》八，嘉庆戊寅本。
[2]［清］尹有本辑：《地理古镜歌》，《四祕全书十二种》清嘉庆丁卯年刻本。

芝龙跋扈，人咸壮之。闽破，服黄冠亡命。假青乌术，游齐鲁，转徙吴越，乐会稽山水，遂止焉。卒，遗命葬若耶之樵风泾。平阶少从陈子龙游，诗文详瞻典丽。凡天文、地理、阴阳、历数之书，洞究无遗。尤谙兵法，时遇权阉，未展所学，晚益精堪舆。康熙间，有欲以博学鸿词荐者，大鸿亟止之。好谈几社轶事，感慨跌宕，涕泪随之，闻者哀其志焉。[1]

此志所载，与《绍兴府志》有诸多相似处。故师陀先生认为《华亭县志》所载内容由《绍兴府志》而来。

《张泽志稿》载蒋氏小传：

蒋平阶，初名雯阶，字大鸿。尔扬犹子，嘉善籍。崇祯间入几社有声。乙酉赴闽，唐王授兵部司务，晋御史，劾郑芝龙跋扈，人咸壮之。闽破，服黄冠亡命，假青乌术游齐鲁，转徙浙东西，乐会稽山水，遂止焉。卒，遗命葬若耶之樵风泾。平阶少从陈子龙学，诗文华瞻，兼通阴阳历数诸书，晚益精堪舆，著书以传世。从弟雯蜀，诸生，能文，杨肃、章戢皆重之。平阶子无逸，工书画，卒于广东。[2]

此处提及了蒋平阶的族叔、从弟、子等情况。蒋尔扬为蒋平

————————————
［1］［清］杨开第、姚光发：《重修华亭县志》卷十五，清光绪四年刊本。
［2］《张泽志稿》，上海社会科学院出版社 2005 年版，第 25 页。

阶叔叔，官至道州知州；从弟蒋雯鬻，蒋尔辙之子；蒋无逸，字左箴，蒋平阶次子；蒋守大，蒋平阶长子，字曾策。这为了解蒋氏家族补充了有益的资料。

《民国盖平县志》载：

> 明时有蒋平阶者，初工诗文，晚通堪舆，著《辨证疏》《玉池经》诸书。[1]

此处把平阶的生平分为诗文（初）与堪舆（晚）两个阶段。平阶晚年为何转向堪舆之学，则未说明。

钱海岳《南明史》卷四十五所载如下：

> 蒋平阶，本名雯阶，字大鸿，嵩江华亭人。诸生。少入几社，从陈子龙游，以诗古文名一时。性豪隽，有古义侠风。南京亡，与族人日驯诣福京，授兵部司务，迁浙江道御史，疏言："一官五月而易数人，一人数日而更三命，百里而督抚并设，巡方与中使并差，皆害政之大者。"又言："疑人复留用，募兵不问饷。有听言之名，而未收其用。去铺张而存实意，相天下机而务持重。"上皆褒纳。郑芝龙专政，抗疏劾其跋扈，人咸壮之。福京亡，因周谦通黄斌卿，说吴胜兆反正，倾家助子龙饷。永历元年，从张名

---
[1] 石秀峰修、王郁云撰：《民国盖平县志》卷十六"堪舆流别略说"，民国十九年铅印本。

振接应嵩江，飓风舟覆得免。胜兆败，入太湖军，偕钱枬被执致南京，幸脱。再游山东、直、浙，联合忠义。清刊章名浦急，遂黄冠亡命，以青乌术自给。后至会稽，乐其山水，遗命葬焉。平阶诗文详瞻典丽，天文、地理、阴阳、历数，洞究无遗，尤谙兵法。久之，清举鸿博，不应。每谈几社人事，感激跌宕，涕泪随之，闻者哀其志焉。卒以道士服殓，年七十一。

其后有蒋日驯传：

日驯，字用孔。好武，精骑射，与平阶赴义，为裨将同召，未竟所用，后遁于医。

此传综合了前人所录和各府县志的材料，不避讳反清之事，较为全面。

李聿求《鲁之春秋》载吴胜兆兵败之后，"蒋平阶亡命海上"，[1]亦足证蒋平阶积极参与吴胜兆起兵抗清之事。亦可知蒋平阶黄冠入道、以青乌术谋生，并非出于本意，而是因为"赴义"反清，"清刊章名捕急"所迫，所以才"以黄冠亡命，假青乌术自给"，并非如后人传说的他从一开始就醉心于"玄空地理之学"。程慕衡说："大鸿与云间陈、夏诸名士游最善，于书无所不窥，孤

―――――――――――――

[1]［清］李聿求：《鲁之春秋》卷十三，清刻本。

虚、遁甲、占阵、候气，下至翘关、击刺，皆精究之，又能隐形飞遁。故世言玉笥先生起绍兴时，必欲与共事，邀致之，固密室，一夕失所在，健骑四出迹之，无有也。意其为知几审微、远举绝尘之士。而余见玉峰卧龙山人葛芝《送大鸿北游叙》有曰：蒋子，志士也。是役也，宁独饥寒之是驱，不虞之是惧，盖将涉淮泗，历邹鲁，徜徉于渔阳、上谷之间。……渔阳、上谷，耿弇、吴汉中兴勋业所由起也。蒋子驱车其间，慨然必有所得矣。葛君之言如是，则又似怀材欲试、有投石横草之思者。将其人固多奇，著书立言特其余事，而为形家之学又其余之余乎？"[1]此论甚是。

平阶之事迹，另可见于清人所辑诗词集中。如《全清词钞》载："蒋平阶，原名阶，一名雯阶，一字斧山。江南华亭人，明诸生，有《支机集》。"[2]《槜李诗系》载"杜陵生蒋平阶"："平阶，初名雯阶，字斧山，号大鸿，自称杜陵生，华亭人，入痒嘉善，游陈子龙之门。国初移居嘉兴，后徙越中，卒。其诗摹仿盛唐"[3]，《明代三千遗民诗咏》称："蒋雯阶，嘉善人，诸生，有《范季友邀饮吼山陶氏园》"[4]，《柳亭诗话》云："云间蒋大鸿……蒋，名平阶，在吾越为寓公，自号杜陵叟，以丹经为娱，姜苍崖壮从之游。葬姚江"[5]，《乡园忆旧录》称："大鸿名平阶，精青鸟

[1]［清］程嵩衡：《秘传水龙经序》，《秘传水龙经五卷》，借月山房汇钞本。此处引葛芝文字与原《叙》略不同，笔者据《卧龙山人集》（康熙九年刻本）更正。
[2] 叶恭绰：《全清词钞》中华书局1982年版，第一卷第35页。
[3]［清］沈季友编：《槜李诗系》卷二十八，文渊阁四库全书本，第1475册。
[4] 张其淦：《明代千遗民诗咏》三编卷七，明文书局影印本。
[5]［清］宋长白：《柳亭诗话》卷六，康熙天茁园刻本。

蒋平阶研究

之术，居吾淄"[1]，等等。至于今人所撰蒋氏之传，大多沿袭前人，且多有臆构，不可全信。

各传所载蒋平阶名号，颇有混淆，林玫仪先生辨析甚详，兹转录如下：

（一）蒋平阶，字大鸿。（见《松江府志》卷五十六，《华亭县志》卷十五，《江苏诗征》卷一一三，《今诗篋衍集》卷五，《明代词选》卷十，《晚晴簃诗汇》卷五十，《清史稿》卷五百二，《清诗别裁集》卷七。其中除《华亭县志》作"嘉善籍诸生"，《松江府志》则未提及籍贯外，全作"华亭人"）

（二）蒋雯阶，字驭闳，后更名平阶，字大鸿，嘉善县学生。（见《静志居诗话》卷二十二，《明诗综》卷八十）

蒋平阶，字大鸿，原名雯阶，华亭人。（见《国朝词雅》卷一）

蒋平阶，字大鸿，原名雯阶，字驭闳，华亭人。（见《国朝松江诗钞》卷六一）

平阶，初名雯阶，字驭闳，一字大鸿，华亭人，侨寓嘉善。（见《明诗纪事》辛笺，卷三十）

初名雯阶，字驭闳，一字大鸿，别署杜陵生，江南华亭人。（见《清诗纪事·明遗民诗卷》）

（三）大鸿，字平阶，又号中阳子，江南华亭人。（见《地理

---

[1]［清］王培荀：《乡园忆旧录》卷一，道光二十五年刻本。

古镜歌》)

中阳子平阶蒋大鸿撰述。(见《玉函真义天元歌》)

华亭蒋大鸿中阳子平阶著。(见《玉函真义古镜歌》)

宗阳子蒋平阶大鸿撰述。(见《地理真书》)

(四)杜陵蒋平阶大鸿氏题于丹阳之水精庵。(见《秘传水龙经·序》)

蒋杜陵。(见《浣花道人珍藏〈蒋杜陵地理天元古镜歌〉》)

杜陵蒋大鸿著。(见《玉函真义》)

(五)云间蒋大鸿著。(见《阳宅指南》,《地理辨正翼·辨伪》)

(六)华亭蒋平阶大鸿氏。(见《地理辨正翼·原序》)

(七)蒋平阶,字寓闳,号胧山。(见黄容《明遗民录》卷八)

(八)蒋大鸿,名阶,松江人。(见《清平初选后集》)

蒋阶,釜山,嘉兴人。(见《依声初集》)

蒋阶,字与里居均待考。(见《清词综补》)

蒋阶。(见《昭代词选》)

蒋平阶,原名阶,一名雯阶,字大鸿,一字斧山。(见《全清词钞》)[1]

林玫仪先生据上认为:"可知蒋平阶字大鸿,此字一直沿用至后期,在堪舆界则流行'中阳子'或'宗阳子'之名号。至于初

---

[1] 林玫仪:《〈支机集〉完帙之发现及其相关问题》,《词学》第十五辑,华东师范大学出版社 2004 年版,第 86—88 页。

名雯阶字说，亦可信从"，"其名蒋雯阶时字驭闳，更名平阶后方字大鸿，个人认为此说可信"，"至于'蒋阶'之名，……此点甚为可疑，……"[1]

《支机集》卷一署"杜陵蒋平阶撰"，卷二、卷三署"杜陵先生选定"，足见蒋平阶在三十岁左右已使用"杜陵"别号。又，毛奇龄《云间蒋曾策诗集序》："崇祯之末……维时则窃观先生座中有所谓杜陵生者，先生每指之，称能诗焉。"则蒋平阶用"杜陵生"之号，或更早。

概言之，文献上对蒋平阶的记载，大致可分为两类：一是《清史稿》《绍兴府志》等官方记载及《全清词钞》等清人诗词辑集所记之传；二是《地理辨正》《从师随笔》等流传的记录。对于前者，需要分析它的写作背景、时代忌讳、取舍情况，要看到这些记载对蒋平阶身份的"改写"和"塑造"，不可全然相信。如《清史稿》对蒋平阶"反清"事迹的含混、对"术士"身份的放大，显然是基于清朝统治阶层的角度对蒋平阶做了"身份改写"。对于后者同样需要具体分析，必须看到后世尤其是术士群体出于门派之争而对蒋平阶的"神化"或"贬低"，尤其是近世以来涉及"理气""形势"等不同流派的争执以及对"玄空地理"的褒贬等情况，已经深深影响到了后人对蒋平阶的看法，故而对这类材料更需仔细甄别。

---

[1] 林玫仪：《〈支机集〉完帙之发现及其相关问题》，《词学》第十五辑，华东师范大学出版社 2004 年版，第 88—90 页。

三、蒋氏家族

　　蒋平阶能"以诗古文名一时""诗文详瞻典丽"，与云间浓郁的文化氛围和蒋氏一族的名望有着极大关系。

　　首先要看到，云间文化的形成与该地的名门望族有着密切的关系，而名门望族之间的相互支持和结合，又反过来促进了云间文化的发展。上海在明代中后期属于封建经济最发达的地区之一，官僚、士绅、地主等阶层的势力相互补充相互结合，"随着江南社会经济的蓬勃发展，上海地区如雨后春笋般地先后形成了许多由科甲出仕起家的新的沪上世家或江东望族"。"据明末清初上海人叶梦珠《阅世编》卷五《门祚》记载，当时仅仅是古称'云间'的松江府一郡的名门望族即达 67 家之多，至于一般的望族则自当更多。"[1] 至于在文化领域，情况更是如此，"明末云间派文学主要与云间望族结缘，其成员大都来自望族"[2]。一般

---

[1] 吴仁安：《明清时期上海地区的著姓望族》，上海人民出版社 1997 年版，第47—48 页。

[2] 刘勇刚：《论云间地域与名门望族对云间派的影响》，《贵州师范大学学报》（社会科学版）2004 年第 3 期。

　　　　　　　　　　　　　　　　　　　　　　　　蒋平阶研究

认为，享誉江南一带的云间派作家群体，其核心成员基本都来自云间望族，这些望族大多是由科甲起家，文化层次本来就相对较高："云间派在明末为最大之流派，其声势力量超过同时的虞山派、娄东派。这一方面归因于云间望族的互通声气，唱和不断，鼓荡风雷，造成声势。另一方面是家族内部切磋琢磨，瓜瓞绵绵。"[1]据记载，张泽镇蒋氏为明清之际的云间望族。蒋平阶身处其中，自然有着天然的优势。刘勇刚记录蒋平阶世家，主要归之为"华亭张泽镇蒋日华家族。蒋日华，明万历间由岁贡生官安溪知县。子尔扬，万历四十三年（1615）己卯举人，崇祯七年（1624年）甲戌会试副榜，官道州知州。平阶系尔扬从子，日华从孙"[2]。吴仁安《明清时期上海地区的著姓望族》记载蒋平阶家族为："（天）蒋日华，明万历年间由岁贡生官安溪知县，有古循吏风。（地）蒋尔扬（日华子），字抑之，号方虞。用上海籍中万历四十三年（1615年）乙卯举人。崇祯七年（1624）甲戌会试副榜，官道州知州。州民感其恩，立祠祀之。（玄）蒋平阶（尔扬犹子，蒋日华从孙），字大鸿，居华亭张泽镇。诸生，崇祯闰在几社有声。乙酉（1645年）去赴闽唐王，授兵部司务，晋御史。劾郑芝龙跋扈，人咸壮之。闽破后，蒋平阶遂假青乌术游齐鲁，转徙吴越，乐会稽山遂止焉，卒，遗命葬此。平阶少从陈子龙游，诗文详赡典丽，凡天文地理阴阳历数诸书洞究无遗，尤谙兵法。时

---

［1］［2］　刘勇刚：《论云间地域与名门望族对云间派的影响》，《贵州师范大学学报》(社会科学版) 2004 年第 3 期。

迁柩阂未展其所学，晚益精堪舆学。康熙年间有欲以博学鸿词荐之，平阶亟止之。好谈几社人轶事。蒋雯嚣（尔扬犹子），字姬符，诸生。笃于孝友，优游林泉，与王光承、吴骐等名士以诗酒相酬。"[1]不过，后人引此相关文献时，常把蒋平阶误作蒋尔扬之子[2]。

一般认为，明清时期上海地区的世家望族形成主要有两种途径，一是通过科举取得功名，如举人、进士等，从仕之后又置产业，后代子弟再应科举而从仕，如此积累而成世家望族；二是靠经商、行医等方式起家，获得一定资产后，成为当地缙绅，再培养后世子弟科举入仕而成世家望族。从前述文献可知，蒋平阶家族属于第一种途径，其家族先人以科甲起家，后代子弟或再应试科举而入仕，或以诗文闻名乡里，遂成云间望族。据传，张泽镇东过利涉桥谓辕门街，明崇祯七年蒋尔扬居此，并于街两端修辕门及照墙，街因此而得名，蒋氏全盛时期有"蒋半镇"之称。传说蒋平阶曾在宅后埋兵书兵器，后人称其处为兵书墩，惜乎湮没难觅。明代彭氏于街东北建东隐禅院，初称彭家庙，后彭氏衰落，由蒋氏供香火。此亦为蒋氏乃云间张泽望族之证。

再则，中国传统文化中血缘、地缘的因素极为重要。中国

---

[1] 吴仁安：《明清时期上海地区的著姓望族》，上海人民出版社1997年，第374页。其中"赡""迁"等字为此处原文。
[2] 如杨泽君：《晚明几社研究——在学术与政治之间》、陈雪涛：《阳宅心要》等，皆误作蒋尔扬之子。

　　　　　　　　　　　　　　　　　　　　蒋平阶研究

文学流派、艺术流派的兴起和传承，往往与地缘、家族不可分开。中国名门望族以诗文传家的传统，借以保证家族在文化上的地位，也保证了家族在政治上的地位延续。客观来讲，蒋平阶年少时能够以诗文闻名、顺利进入陈门成为几社重要成员，在云间派颇有声名，仅仅靠自身的才华和能力不足以至此，这与其家族在当地具备一定的影响力、对他有着直接的帮助分不开。

据《清代松江府文学世家述考》，云间蒋平阶家族基本构成如下[1]。

蒋贵：六世祖，居吴县洞庭包山之后堡，事母以孝闻，明正德年间，徙家华亭县张泽，是为张泽始祖。蒋鋆：高祖，字怀峰，诸生，以华亭贯入松江府学。蒋应奎：曾祖，字星聚，松江府学生。蒋日华：祖父，万历年间贡生，官安溪知县。蒋日蕃：从祖，蒋日华弟，恩贡生。蒋日著：从祖，蒋日华弟，青浦县学生。蒋日倩：从祖，蒋日华弟，廪生。蒋蔼：从祖，蒋日华弟，字致和，一作志和，号怡云，沈士充弟子，善书画，尤得倪瓒笔意。蒋二素：从祖，蒋日华从弟，蒋蔼弟，字兰皋，善书画。蒋日驯：从祖，蒋日华弟，字用孔，有侠义名，少好武，善骑射，逢国变，与蒋平阶赴义，当路荐署裨将，召见不用，遂归，习医为生[2]。

---

[1] 以下蒋氏家族的资料引自：徐侠：《清代松江府文学世家述考》，上海三联书店 2013 年版，第 79—80 页。
[2] 《南明史》云："日驯，字用孔。好武，精骑射，与平阶赴义，为裨将同召，未竟所用，后通于医。"

蒋尔醇：蒋平阶父，卒葬于浙江余姚县城东南莫家阪之月涂。将尔扬：从父，蒋日华子，字抑之，号方虞，万历四十三年举人，崇祯七年会试副榜，用为知县，官至道州知州。蒋桐：从父，蒋日驯子，字楚良，号长静山人，通医，工书画。（蒋尔扬昆弟共十二人，分别为：将尔扬、蒋尔醇、蒋尔轼、蒋尔辙、蒋尔辅、蒋尔毂、蒋人龙、蒋翼名、蒋尔章、蒋良弼、蒋尔竑、蒋桐）

蒋雯嚣：蒋平阶从弟，蒋尔辙子，蒋尔扬犹子，字姬符，诸生。蒋淏：从弟，字幼青，贡生，事亲以孝闻，能急人之急，里有徭役，必身任之。（蒋氏居张泽六世，有男：蒋雯升、蒋雯昭、蒋雯开、蒋雯礽、蒋雯阶、蒋雯皓、蒋雯嚣、蒋雯衢、蒋雯犀、蒋魏成、蒋淏等）

蒋守大：蒋平阶长子，字曾策，工诗词。蒋无逸：蒋平阶次子，字左箴，工诗词、书画。

蒋麟：蒋平阶族子，蒋尔扬从孙，字健修，号溶川，工诗文，康熙三十八年举人，康熙四十八年己丑科三甲第30名赐同进士出身，嘉庆《松江府志》本传称其为尔扬族侄[1]。

据以上文献，云间张泽镇蒋平阶一氏谱系如表1所示：

---

[1] 《嘉庆松江府志·古今人传十》载："蒋麟，字健修，娄县人，尔扬族侄，康熙三十八年举人，四十八年进士，选中翰（林）未仕卒。麟早承先志，博极群书，存心孝友，常以名节自励。"

蒋平阶研究

表 1　云间蒋平阶族谱简系

六世祖	蒋　贵						
高祖	蒋　鋆						
曾祖	蒋应奎						
祖	蒋日华（祖父）	蒋日蕃（从祖）	蒋二素（从祖）	蒋日驯（从祖）	蒋蔼（从祖）	蒋日著（从祖）	蒋日倩（从祖）
父	蒋尔醇（父）	蒋尔扬（从父）		蒋桐（从父）			
身	蒋平阶						
子	蒋守大（长子）蒋无逸（次子）						

其中值得关注的是蒋平阶祖父蒋日华，为举人，天启四年任安溪知县。清《安溪县志》记载其主要事迹，云：

> 蒋日华，江南华亭人。莅任伊始，修葺黉宫，额曰：文峰拱秀。鼎新四箴亭，额曰：更新。巡郊野，劝课农桑。遇岁荒，开仓赈给。安邑密迩郡城，宦干踞埠横抽，持正不阿，力行禁止。宪批漳邑人命，暮夜馈金不受，禁火耗以均赋役，设木皂以剔蠹弊，兴利除害，事难枚举。户无差扰，民安衽席其大端也。若夫集诸生讲学督艺，午未联捷李光龙、壬午科王梦弼、丁酉科陈嘉章，皆其所首拔者，士民戴之。皇清康熙八年呈详入名宦祠祀焉。[1]

[1]［清］谢宸荃主修、洪龙见主纂：《安溪县志》卷六《风俗人物》之三，康熙癸丑版。

《清史稿》云"其祖命习形家之学"，《地理辨正》序云"先大父安溪公早以形象之书孜孜手授"，即指祖父蒋日华教授平阶地理之学。

四、蒋平阶后人

关于蒋平阶的后人，坊间传闻甚多。其中一种说法是，因其地学不精，导致蒋氏一脉无后。此言极谬。蒋平阶地理之学在康乾之后影响极大，江湖术士因流派之争相互攻讦，将其卷入其中，故有此谣传。今可查实的蒋平阶后人，至少有两子：长子蒋守大，字曾策；次子蒋无逸，字左箴[1]。

蒋平阶两个儿子，大概生于崇祯十三年（1640年）前后。

在《支机集》中，沈亿年《凡例》云："杜陵小友暨两生幼弟，年未胜衣，风气日上，追随胜览，亦有和歌。"这里提及的"杜陵小友"，即蒋平阶之子蒋守大和蒋无逸。所谓"未胜衣"，大概在十岁至十二三岁左右。"(胜衣)是儿童稍长能穿戴成人的衣冠。钟嵘《诗品》卷上：'才能胜衣，甫就小学。'亦指能承受所穿衣服的重量。"[2]古人就小学约在八岁至十五岁之间。《大戴礼

---

[1]《全明词》将蒋守大与蒋曾策别为二人、蒋无逸与蒋左箴别为二人。肖厹伟先生撰有《〈全明词〉札记三则》[《福州大学学报》(哲学社会学科版) 2005 年第 4 期]一文，此不赘言。

[2] 辞海编辑委员会：《辞海》(1999 年缩印本)，上海辞书出版社 2000 年版，第 1896 页。

记·保傅》:"古者年八岁而出就外舍，学小艺焉，履小节焉。"《尚书大传·略说》:"古之帝王者，必立大学、小学……十有三年始入小学。"《嘉靖太平县志》:"令民间子冀盼八岁以上、十五岁以下，皆入社学。"《嘉靖香山县志》:"八岁至十有四者，皆入学。"在有关汉语年龄词语研究的文章中，认为古人所谓的"胜衣"，乃指能够穿得起成人的衣服而尚未达到成年的年纪，或指稍长大些的十二三岁儿童。守大、无逸此时尚"未胜衣"，定在十四五岁之前，乃至于十二三岁之前。若以 12 岁为上限，《支机集》汇成于明永历六年（清顺治九年，1652 年），以此逆计之，可知蒋守大、蒋无逸出生年约在庚辰左右[1]。

1651 年（明永历五年、清顺治八年）春，蒋平阶携其两子与门生周积贤、沈亿年、沈英节、周积忠等七人相互唱和，所作之词于第二年汇成《支机集》。在此集中，有长子守大《望江南》《虞美人》，次子无逸《番女怨》《月宫春》《生查子》等词。毛奇龄《云间蒋曾策诗集序》云:"今既杜陵而读杜陵诗，称善；及其既也，又读杜陵之子曾策诗，又称善。……而吾亦谓杜陵父子，其寄物肆意，大者得之正，则次亦不失王褒刘向之徒。"[2]对蒋平阶及蒋曾策的文采赞赏有加。足见蒋平阶之子年少聪颖，富有文采。

---

[1] 张仲谋先生认为，"今已知蒋平阶生于 1616 年，则其二子甲申时最大不过在十岁左右，故皆不当入《全明词》。"[《明清词学文献的对接与融通》，《徐州工程学院学报》（社科版）2017 年 1 月，第 68 页] 然未提及 "已知蒋平阶生于 1616 年"之出处。
[2] [清] 毛奇龄:《云间蒋曾策诗集序》，吴弘一、叶庆炳《清代文学批评资料汇编》（上集），台北成文出版社 1979 年版，第 203 页。

大略在 1664 年（明永历十八年、清康熙三年），蒋平阶携次子蒋无逸游淄川，与友人顾当如、张笃庆等"剧谈风雅"，并汇有《倡和集》。《厚斋自著年谱》云："康熙三年甲辰，余年二十三岁。是岁，云间蒋大鸿、左篆父子，乃梁溪顾当如，来游于淄，与余剧谈风雅，共订千秋，酬唱遂多，游宴相续。……是年，有《乐府杂诗》，有与蒋、顾《倡和集》。"张笃庆《崑崙山房集》亦有《东皋社集同云间蒋左篆、梁溪顾当如》《龙兴寺同蒋左篆、王鹿詹、蒲留仙限韵》《登般城放歌，同华亭蒋左篆、梁溪顾当如、同邑王栗里》《长歌赠云间蒋左篆》等诗词。

1665 年（康熙四年）冬，蒋平阶携子无逸游宣城，与梅清、梅素、梅庚、杨天培、杨五俍、汪懋麟、陈世祥、朱万锜、贺宿、邹衹谟、白彦良、唐允甲、沈泌等宴集敬亭山，分韵赋诗。梅清《瞿山诗略》卷九有《冬日，招同檇李朱洁湘、杨天培、五俍、陈散木，云间蒋大鸿、左篆，丹阳贺天士，毘陵邹程村、白衹常，广陵汪蛟门，同郡唐耕坞、沈方邺、家素五、耦长敬亭山燕集分赋》，足证此事。

大抵在 1675—1679 年，蒋无逸从高凉抵广东羊额，拜会陈恭尹。陈恭尹作《答蒋大鸿》，书云："令郎南来，……落落三十年，处士大都老矣，将惧终无以自白其虚实于天下也。高凉去广州千里，第又居乡落间，令郎到粤，一年乃得相见，殊惭疏略。"之所以认为此处"令郎"应为平阶次子左篆，一则姜垚《柯亭词》卷二有《愁春未醒·挽蒋左篆》，题下小注云："左篆，杜陵先生次君。"词云："乍游瘴海，罗浮仙峤，几度寒梅"，可见左篆去过闽、粤等地。二则陈维崧《红林檎近·大鸿有西河之戚，作此代唁》下有作者自注："大鸿次子无逸，没于岭南幕中"。康熙十二年吴三桂起兵，康熙十三年耿精忠在福州响应，康熙十五年尚之信在广东响应，其时屈大均等参与其事。左篆入岭南幕，或即此时。从时间上来看，陈维崧于1682年去世，可见左篆拜会陈恭尹不会在1682年之后。另外，《迦陵词全集》在此词之前，有《祝英台近·送陆云士之任郏县》，陆次云入郏县为康熙十八年后事，亦可旁证左篆之殁在1679年之后、1682年之前。从陈恭尹"落落三十年，处士大都老矣"之句推测，以永历元年陈父及家人亡于战乱后推三十年，则为康熙十五年左右，其永历十五年隐居顺德治学十余年闻名于世，故陈氏有"然弟之不出，分也，非高也。而往来之口，遂有为先生道之者，无乃所谓闻似人者而喜乎"等语，其时陈氏避居羊额等地，故有"第又居乡落间"之语。据此，则左篆抵广东拜会陈氏，大致在1676年左右。

1712年（康熙五十一年），蒋平阶在《续水龙经》二卷序云"壬辰岁，了弃一切，将薄田数亩，付之儿曹"，然后独游蜀中，过锦江、剑阁、峨眉等地，至武昌，过汉江、登晴川阁，前后历时两年余。若此记录确实，从这里也可判断，蒋平阶晚年仍有子女相伴，并非孤身一人。若无逸殁于1682年之前，则此时与蒋平阶相伴的可能是其长子蒋守大。

综上，根据蒋平阶的主要生活经历，可以把他的生平分为三个阶段，一是在云间入几社，与友人唱和往来的"文艺"阶段；二是参与反清义举，辗转各地的"沙场"阶段；三是黄冠入道、以青乌术自给的"隐居"阶段。他的每一个阶段，都有值得言说的精彩之处。然而因其参与反清，所以各府县志只略加记载，甚至含混其词，有关他的详细资料流传下来的并不多。不过有一点可以肯定：那就是蒋平阶作为一个反清志士和云间派的重要人物，写作诗文不仅仅是他的兴趣爱好，更记录了他的平生志向和心路历程，贯穿了他的大部分人生。在青壮年时代，他奔赴各地进行反清义举，同时也创作了不少诗文；入清之后，尤其是进入康熙年间，随着越来越严苛的文网及思想禁锢，蒋平阶逐渐放弃了——至少是部分放弃了自己的诗文创作，转向于玄学。自黄冠入道之后，他淡泊明志，选择隐居不出，甘于清寒，[1] 以青乌术糊口，创作和整理了许多堪舆之文，逐步形成了自己的一套地学理论，未曾想因此声名大振，俨然为一代宗师，对后世的青乌术产生了极大影响。

---

[1] 蒋平阶晚年颇为清苦，清人诗文中多有记载。如茹敦和《竹香斋古文》卷下《孝靖倪先生传》云："云间蒋大鸿平阶，即所谓孝友杜陵生者也，寓越，主姜公子垚，先生亦时阙其困乏。"

第二章
生平交游及相关问题

蒋平阶身处鼎革巨变之时，擅于诗词，又深谙地学，先出仕反清，后又避世隐逸，其一生所结交的人物甚多，大多可归结为志士遗老、文人雅士之类。较为知名的有陈子龙、夏允彝、姜希辙、黄宗羲、张煌言、夏完淳、王沄、毛奇龄、陈维崧、计东、尤侗、周筼、朱彝尊、黄观知、张笃庆、屈大均、何栔、陈世祥、沈泌、施闰章、魏耕、汪懋麟、徐乾学、吴伯恳、周稚廉、陈恭尹、丁澎、李符、杜登春、吴肃公、马日斯、钱商隐、郑休仲、郑佩修、沈幽祈、周寿王、姜垚、张仲馨、骆士鹏、吕相烈、胡泰徵、毕世持等，此诸人等或师长、好友，或同僚、门生，交情亦有深有浅，兹选较重要的略述如下。

一、恩师陈子龙

　　陈子龙：初名介，字卧子，一字懋中，又字人中，号轶符、海士，晚年易姓李，自号大樽，于陵孟公。乙酉后为避清廷迫害，曾以出家为掩护，法名信衷，字瓢粟，别号颍川明逸。松江府华亭县人。其家为华亭望族，高祖陈寿，里中号为大人。曾祖陈钺，任侠豪义，率佣奴抗倭，为乡里敬重，后家道中落。祖父陈善谟，慷慨好施，读书自省，家风俨然，隐而不仕，后以子贵。《松江府志》载："陈善谟，子所闻贵，封刑部主事。"[1]《嘉庆松江府志》载："赐工部主事陈善谟，忠裕之祖。"[2]父陈所闻，字无声，一字尊其，号绣林，万历四十七年进士，拜刑部郎，晋工部屯田郎，居官不畏权阉，有清望。《松江府志》其传甚详。[3]生母韩氏，封宜人。继母唐氏，封宜人。妻高氏，封安人，高寿，明亡后丙戌卒，有一子一女。

---

［１］［清］郭廷弼等修，周建鼎、包尔庚等纂：《松江府志》卷之三十八，康熙二年刻本。
［２］［清］孙星衍、莫晋：《嘉庆松江府志》，卷六十七。
［３］详见郭廷弼等修，周建鼎、包尔庚等纂《松江府志》卷之四十二。

陈子龙为崇祯十年（1637年）丁丑进士，初仕绍兴推官，擢兵科给事中。甲申（1644年）之变，弘光帝即位南都，陈子龙奉命复任兵部之职，直言上疏，宵人见嫉如仇，乞终养去。乙酉（1645年），南都倾覆，避地泖滨。闰六月，与同郡诸公起义兵。八月，松江府陷，埋名隐去。丁亥（1647年），联络吴胜兆结兵起事，兵败被俘，被押途中赴水殉国。

蒋平阶十八拜入陈门，为陈子龙门生。此事可见《嘉庆松江府志》卷五十六、王沄《蒋侍御大鸿》诗后小注、《静志居诗话》卷二十二等。蒋平阶早年诗文瞻丽，才气高昂，颇受陈子龙赏识。《绍兴府志》描绘陈子龙见蒋平阶诗文后，"大惊，亟邀入社"[1]，足见其对蒋平阶才华的欣赏。庚辰（1640年）左右，其时蒋平阶跟随夏允彝在福建习海防，与陈子龙书信来往，表达其敬仰之情。陈子龙《安雅堂稿》卷十八有《与蒋驭闳书》，信中流露出爱才之心及亲近之意。书云：

前读手书兼诸诗文，知足下文词玮丽，日新富有，真翩翩才良也。长乐君鸣琴小邑，何烦陈阮作记室耶？南驿至，得所寄荔枝，启甓芬发沾手，掇嚼甘香经日。昔子桓夸中国之珍果而轻炎方之嘉实然。我观蒲萄虽轻冷，未若荔枝芳艳若闺房之秀也。此果见重于世旧矣。开元帝之所邮致，蔡忠惠之所谱品，皆此果之

---

[1]〔清〕李亨特等：《重修绍兴府志》卷六十三，《人物志》二十三，乾隆五十七年刊本。

奇遇。今乃得足下赋，使此果情色俱畅。夫物生南海荒昧之区，萧条自远，苟有其美，王公贵人莫不珍之，士贵自重亦犹是也。奚必驰惊乃登华席哉！仆近益荒情，承索新制，令人报然。[1]

此年夏，陈子龙选绍兴推官；冬，以推官摄诸暨知县。故而蒋平阶所寄之荔枝，应是从福建长乐县邮至绍兴。

大略在辛巳（1641年），蒋平阶于福建返云间。此时陈子龙于六七月间督漕嘉兴，往来嘉湖。蒋平阶返云间之后，积极参与几社活动。次年（壬午，1642年），复社集会于虎丘，云间后起之秀皆参与其间。大概在夏秋之际，蒋平阶游绍兴，拜会陈子龙。[2] 师陀先生认为，"陈子龙当时任绍兴司李（即司理）。大约他于崇祯十五年又到绍兴，作为陈子龙的客人，并听刘宗周讲学"。[3] 大概也在此年，蒋平阶谒禹庙，作《禹陵》一诗，云："撵辇逢尧祀，垂裳拜舜年。剖圭开日月，瘗玉镇山川。……魍魎犹留鼎，蛟龙想负船。秦碑荒草合，汉時白云连。苍水书难得，玄狐篆可传。按图通百粤，泪尽九疑天。"表达了报国志向。同年冬日，蒋平阶与周宿来、陶冰修、蔡山铭、吴日千、计子山等汇

---

［1］［明］陈子龙：《安雅堂稿》卷之十八卷，《与蒋驭闳书》。
［2］以上之事参见：杜登春《社事始末》："(复社)壬午春，又大集虎丘，维扬郑起宗先生之元、吾松李舒章先生雯为主盟……诸先生之子弟、云间之后起皆与焉。"王沄《越中记》："予遂于癸未春适越。……我乡戚友以游览为者，顾伟南、张子服、子退、曹鲁元、宋辕玄、周宿来也，周子则与蒋子大闳先予从越游者也。"陈子龙《自谱》原注："先生为司李（理）时，乐引后进。"
［3］师陀：《蒋平阶诗稿杂谈》，《师陀全集》第五卷，河南大学出版社2004年版，第474页。

有《雅似堂》之刻。杜登春《社事始末》记载此事，云："周宿来先生茂源，与陶子冰修、蒋子驭闳雯阶、蔡子山铭岘、吴子日千骐、计子子山安后改名南阳，集西郊诸子为一会，有《雅似堂》之刻。"此标志着蒋平阶正式进入陈子龙弟子行列。

癸未（1643 年），时局大乱。先是李自成于襄阳称王，八月皇太极病故，福临继位。明朝处于风雨飘摇之际。这一年的春天，王沄来到了绍兴与陈子龙相聚。夏、秋，陈门弟子与陈子龙往还虎林。[1] 岁末，陈子龙督军粮赴南都，甚为此事操劳担忧。[2] 蒋平阶此时亦常随陈子龙协办事务。

甲申（1644 年）巨变，李自成入北京，崇祯帝自缢，福王即位南京，是为弘光帝；马士英等当政，朝廷依旧腐败难抑。陈子龙虽入南都，却因多有触时之言，遂请归乡里。乙酉（1645 年），清兵南下，破南都，弘光帝被俘。黄道周、郑芝龙拥唐王即位福州，号隆武。张煌言、钱肃乐拥鲁王监国绍兴。唐王、鲁王双方势如水火，政局成了外患未平、内斗越剧的情形，让报国忠义志士深感不安。这一年闰六月，陈子龙与同郡志士起义兵，旋遭清兵残酷镇压。八月，松江府城陷，陈子龙埋名隐去，避居嘉兴，著僧服，辗转嘉兴、松江之间，继续密谋反清；与此同时，鲁王和隆武帝的使命交至陈子龙处。同年，蒋平阶与蒋蔼、蒋日驯、

---

[1] 此见［清］王沄《越中记》："夏秋之际，予从先生往还虎林。"陈子龙《安雅堂稿》卷四《徐惠郎诗稿序》："癸未之秋，予自越还吴。"
[2] ［明］陈子龙《安雅堂稿》卷下，《补叙浙功疏》记录了此时的心情："十六年冬，南部以南粮逋欠几于脱巾，严檄各属，臣恐解户迁延，亲督本属粮米七万有奇解京。"

秦无衣等人同行，在秋冬之时至福京。隆武帝授蒋平阶兵部司务，迁浙江道御史。从事件的发生和时间上来看，这极有可能是陈子龙秘密与鲁王、隆武联络，在接到相关的使命之后，考虑到蒋平阶曾随夏允彝赴福建习海防，故而推荐蒋平阶等去福建从事反清活动。蒋平阶不愧为陈门弟子，到了福京之后不畏权臣直言上疏，谈论时政弊端，展现出他正直无私、廓然大公的风骨，却因此而得罪权臣郑芝龙。

丙戌（1646年）八月，清军尽占浙闽，隆武帝被杀。蒋平阶其时在马尾港得免。闽破后，蒋平阶北归，参加松江义军，与陈子龙等义军首领秘密联络。丁亥（1647年），陈子龙联络吴胜兆举兵反清，事败，清军大索同事者。五月，陈子龙投水殉国。《研堂见闻杂录》录吴胜兆兵败之后，"一时株连者，皆天下名士，如陈子龙、侯峒曾、顾咸正、蒋雯阶辈，无不狼藉诛夷，妻孥俘掳"。《陈忠裕全集年谱·丁亥·考证》引《虎墩笔蕊》："（蒋雯阶）因亡命周谦而与黄斌卿通。斌卿漳浦人，黄道周族子，子龙又道周门生，遂相结图恢复。"王沄《续陈子龙年谱》："先逃得免者，门人蒋文学平阶也。"《夏完淳集笺注》白坚案："蒋平阶自闽归后，参与吴胜兆反正事，丁亥三月中旬，与刘成高、孙标同往舟山见黄斌卿请印请敕，四月，并为举义预作旗纛、祭文。事败后，清吏严缉而未获。见《史料丛刊初编·洪文襄公呈报吴胜兆叛案揭帖》。"王沄《王义士辋川诗钞》诗《昔友后咏蒋侍御大鸿平阶》："咄嗟杜陵人，亦是悲秋徒。乘桴一何勇，移山岂云愚。

摇落惠王冠,流落沧海隅。鲁阳不可作,视此白日徂。""乘桴",
白坚谓渡海潜往舟山。以上这些记录足以说明,陈子龙在江南起
义军时,蒋平阶都积极参与。在起义失败后,陈子龙被俘而投水
殉国,蒋平阶逃走免难。

综上,陈子龙与蒋平阶的关系既是师生,又是反清同道。两
人都出身于云间望族,先因文章而结识,后因反清而弥近。在以
陈子龙等为首的"云间词派"群体和反清队伍中,蒋平阶都是重
要的成员。施蛰存先生将陈、蒋之间的关系归纳为:"夏允彝、陈
子龙创立机社……蒋即师事陈子龙,在文学和政治上,都受到陈
子龙的影响。"[1]这种概述是精当的。

---

[1] 施蛰存:《蒋平阶及其〈支机集〉》,《词学》(第二辑),华东师范大学出版社 1983 年
版,第 223—224 页。

　　　　　　　　　　　　　　蒋平阶研究

二、友人夏完淳

　　夏完淳：原名复，字存古，别号小隐，又号灵胥，乳名端哥。松江府华亭人。一般认为，完淳生于崇祯四年（1631年），殉国于永历元年（1647年）。其人天赋异禀，才气过人，五岁即通五经，八岁能赋诗，有神童之誉。父夏允彝，几社领袖。夏允彝任长乐知县时，夏完淳随其南下。

　　乙酉之难，陈子龙及夏允彝、夏完淳父子等人于松江起兵反清。城破，夏允彝殉国，完淳继续从事反清之事。丙戌（1646年），完淳入吴易太湖军参谋兵事，失败后避走江湖，等待复起机会。丁亥（1647年），完淳上书浙东鲁王谢中书事，事泄被捕。九月，完淳殉国。叶梦珠记夏氏父子："彝仲为诸生时，即与陈卧子齐名，及同登进士，声气益广，天下莫不知云间陈、夏，历官吏部考功郎。鼎革之际，自缢而死。其子完淳，字存古，幼禀异资，读书过目成诵，八岁能文，一时咸以大器目之。及吴帅之叛，完淳为草檄文，词连逮捕杀之，年未二十，无嗣，或云遗腹一子，今不知所在。"[1]

平阶生于华亭，完淳亦生于华亭，两家皆是华亭望族，又都聪颖出众、年少有名，故而极有可能早年便相识。崇祯十年（1637年）左右，允彝任福建长乐知县，携完淳南下，而平阶亦随夏氏父子赴福建，随允彝习海防。《虎墩笔菡》云"时有狂生蒋雯阶，向从允彝之闽，习海道"，[2] 即谓此事。大略在崇祯十四年（1641年），平阶才离开夏允彝父子，自福建返云间。

完淳与平阶的交往，有着几重的关系：完淳幼年拜陈子龙为师，与蒋平阶可谓同门师兄弟；[3] 同时，蒋平阶曾随夏完淳之父夏允彝南下福建参与政务，又算是夏允彝下属；在福建期间，平阶与完淳相处甚久，友情深厚；面对异族入侵，两人又都抱有救亡图强之志，积极参与反清义举，毁家纾难，不惜以身报国，因而又是反清同道。

乙酉（1645年），平阶等人赴福京拥隆武。临别时际，完淳赠诗《蒋生南行歌》，以壮其行。诗云：

与君自别新宁邸，世事浑如翻掌异。马江潮入大王风，旗山云作真人气。

---

[1] ［清］叶梦珠：《阅世编》卷五，《门祚一》，中华书局 2007 年 9 月。

[2] 转引自：《陈子龙诗集》，上海古籍出版社 1983 年版，第 720 页。

[3] 夏完淳拜陈子龙为师，见《明三十家诗选》卷八（下）："师事陈忠裕公子龙，公深器之。"《成仁录》："年十六，从师陈子龙起兵太湖，遵父遗命尽以家产饷军。"《云间三子新诗合稿》九卷，卷首皆署"门人夏完淳存古编录"等。

　　　　　　　　　　　　　　　　　　　蒋平阶研究

戎子风流世所知，南瞻天阙更驱驰。九死不回归国意，百年重见中兴时。

　　登山临水车尘绝，海水天风恨离别。飞飞征雁五溪云，行行立马三山月。

　　离亭尊酒白云飞，送子终宵露满衣。哑哑乌啼飞上屋，参横斗转星河稀。

　　从此诗中，完淳回忆了两人自福建归来后的情形（"与君自别新宁邸，世事浑如翻掌异"），想象了中兴气象（"九死不回归国意，百年重见中兴时"），也描写了送别之时，整夜不眠，依依不舍之情谊（"离亭尊酒白云飞，送子终宵露满衣"），可见两人友情深厚，同时亦可见两人都为反清复明倾注了全部的身心。

　　未几，世局越发艰难。完淳忍不住为诸好友写下了《南越行送人入闽》《偶念三秋旧集忆景说兼越行诸子》《送驭闳蒋大南行》等诗。其中，《送驭闳蒋大南行》虽同为平阶而作，但此诗隐含伤感、茫然之情，与《蒋生南行歌》意境大有殊别。诗云：

　　灵旗髣髴朔风寒，侠客悲歌迥不欢。芳草多情兵甲后，白云何处别离难。

　　沧浪渔父长哀郢，湖海狂夫矢报韩。此夜一樽须尽醉，梦中歧路恨漫漫。

白坚《夏完淳集笺注》谓《送驭闳蒋大南行》为乙酉国难后作，"此篇与卷四《蒋生南行歌》同为送蒋平阶南行之作，然情致不一样。后者送其奔赴福京，有向往振奋之意，此篇则前路茫茫，不知何所，露怅茫悲慨之情，自非作于同时。"[1]

　　丙戌（1646年），清军入闽杀隆武之时，平阶在马尾港得免，随即北归参加松江义军。估计也就是这一年，平阶以黄冠入道，假道士身份避难[2]，并遁居嘉兴秀水沈亿年家中，自号杜陵。而完淳亦于此年入吴易义军，在起义失败后亡命江湖。两人在这一年间的遭遇大有相似之处，都是在家国艰难时奋起抗争，精忠报国；在抗争失败后，又都积蓄力量，图谋再起。丁亥（1647年），松江提督吴胜兆反正，平阶参与举兵，至舟山见黄斌卿，事泄不成，逃至苏州。而完淳亦奔走其间，为吴胜兆与浙东义师联络。兵败，清廷大肆抓捕，《研堂见闻杂录》录吴胜兆兵败之后，"一时株连者，皆天下名士，如陈子龙、侯峒曾、顾咸正、蒋雯阶辈，无不狼藉诛夷，妻孥俘掳"。平阶之名赫然其中。五月，陈子龙投水殉国。完淳被捕后，拒绝降清；九月，以身殉国。其悲壮慷慨，不负"江左少年"与"少年英雄"之盛名。

---

[1] 白坚：《夏完淳集笺校》，上海古籍出版社 1991 年版，第 325 页。
[2] 《华亭县志》"闽破，服黄冠亡命"，《绍兴府志》"福建破，遂亡命，服黄冠"，《传家阳宅得一录》"丙戌岁，以王事入闽，迁道武夷，偶遇国家道人，始得其奥"，皆可证其入道之年概在丙戌。林玫仪先生据张苍水《岁暮得蒋驭闳信兼见其新制寄赠二首》"独怪槎来十二载"，以"庚子年"减去十二年，认为蒋平阶于顺治五年左右入道。备一说。

　　　　　　　　　　　　　　　　　　　　　　　　　　　蒋平阶研究

综上，平阶与完淳年轻时便相识，皆以文采闻名。平阶又随夏氏父子南下福建五年，与夏家颇为亲近，与完淳友情深厚。清兵南下，两人共举事反清，为革命同道。失败后，完淳殉国，平阶遁世，为后世留下悲歌一曲。

三、友人陈维崧

陈维崧：字其年，号迦陵，江苏宜兴人。明天启五年（1625年）生，卒于清康熙二十一年（1682年）。明末清初著名词人、骈文家，少时才思敏捷、文采瑰丽，吴伟业誉之为"江左凤凰"，然生平艰辛，飘零各地。康熙十七年参与修纂《明史》，康熙十八年举博学鸿词，授翰林院检讨。现有《陈迦陵文集》、《湖海楼诗集》、《湖海楼词》等。

维崧与平阶为文学上的挚友。平阶与维崧认识，大抵在1652年（明永历六年，清顺治九年）。这一年，平阶携门生周积贤、沈蘭祈在嘉兴，遇见维崧。两人一见如故，遂欣然定交。对于这次相识的时间，平阶在《陈其年词集序》中回忆道："今天下工文辞称才士者且甚多，而吾必以阳羡陈其年为之冠。……予与其年，壬辰定交，早定此目，迄今二十五年……"

可以说，平阶与维崧之谊，因相互敬佩文采而生，更因文学旨趣相投而越发深厚。自认识之后，两人虽然生活境遇不同、人生路途不同，但他们的友情并未中断，长达一生。

维崧曾作《赠蒋驭闳》一文，记述两人相识之事。文中对平阶大加赞赏，对两人未能早一点认识而颇感遗憾。其文如下：

十载未识君，识君自檇李。檇李轻花落锦湍，濊濊画舸征艽寒。邂逅美人矜独立，药房蕙带山之端。玉缸溶溶为余倒，自言结交苦不早。畴昔从君万里余，尔时记室誇文藻。帐后名倡舞玉箫，军中侠客翻彙。乞干山下白厓流，归来仚命心百忧。聂政如齐无母姊，君卿置食少公侯。千金有意思葬父，七尺无聊欲报仇。大梁才人正年少，赠君不惜双吴钩（龉祈也）。我闻高谊三太息，江东词赋增颜色。出入何须复壁中，悲歌好向牛车侧。君家高楼多红妆（周沈两君），征夫不来凝妙香。白石小姑常独处，绿珠弟子半空房。东家思妇心感伤，对之自叠白雪裳。君不见姜垓愁死侯檗夭，鸳鸯湖上百花早。他日应为紫府游，眼前莫放朱颜老。

诗中不但描写了与平阶结交之情形，诗中小注也提及周寿王、沈圉祈两人，可见平阶与维崧定交之时，平阶之门生周、沈两人亦在场。另外，据此诗"君不见姜垓愁死侯檗夭，鸳鸯湖上百花早"两句，因为姜垓与侯檗皆卒于癸巳年，故可证此诗应作于癸巳之后，维崧作以纪念与平阶等壬辰定交之事。

两人定交后分别不多时，维崧就给平阶写了一封情深意切的《与蒋大鸿书》，表达了对平阶的怀念之情，书云：

大鸿足下，仆违足下已匝月矣，离逖之情，形于寐梦。……仆才露性疏，动与物忤，神思诞放，窃为乡里小儿所不喜。自黄门流落，何幸风尘之中，得遇足下。仆与足下，素非孙周髫龀之知，终乏孔李通家之契，同居江表，邈若吴越，乃自一面以来，义深胶漆，言协埙篪。

　　维崧自称"动与物忤，神思诞放，窃为乡里小儿所不喜"，将心里话一股脑地告诉平阶，可见对平阶的信任；又谓"乃自一面以来，义深胶漆，言协埙篪"，足见两人认识虽迟，但情谊颇深。

　　大略6年之后，维崧与平阶等人于南湖再次欢聚。此次相聚，维崧作《南湖宴集同姜如农、陈淡仙先生、俞右吉、朱子葆、子蓉、严览民、计甫草、俞恭藻、余淡心、蒋驭闳、金天石、周寿王、沈岶祈、宋既庭御之、蒋篆鸿、徐世臣、任王谷赋》，欣然写道：

　　我今落魄吴越间，一时豪杰争往还。……昨朝高宴俞郎宅，轻车宝马画相索。客子秃矜起弹筝，黄门胡床促行炙。（如农先生）。今晨更集鸳鸯湖，清阴画舫城南隅。……尊前莫惜玉箫频，明日分摧越水春。惟有红绡满川女，盈盈私作采菱人。

　　除此之外，维崧在《赠徐世臣并示蒋驭闳》中，描绘了与平阶之间深厚的友情，又以好友眼光生动刻画了平阶爽朗的性格：

檇李城中多故人，云间蒋生情最亲。……君不见，蒋生捉搦徐郎舞，吾辈风流映千古。

　　"蒋生捉搦徐郎舞"一句，生动描绘了当时欢快的聚会情形，也体现了平阶洒脱、爽朗的形象，打破了后人眼中平阶"不苟言笑"的呆板形象[1]。

　　两人相识10年之后，又在扬州相聚，并与王士祯、杜浚、邱象随诸友修禊虹桥。《渔洋山人自订年谱》记录此事："是岁（壬寅），有事江阴。登君山归，过丹阳，登观音山，临曲阿后湖，皆有诗，刻《壬寅集》于金陵。其春，与袁子令蒋庵诸名士修禊红桥，有《红桥倡和集》。"惠栋在注补中说明："杜于皇濬、邱季贞象随、朱秋厓克生、蒋釜山阶、张山阳养重、刘玉少梁嵩、陈伯玑允衡、陈其年维崧。"这一年秋，两人做客如皋水绘园，平阶为维崧《悯怅词》作序。平阶写道：

　　徐生紫云者，萧郢州尚幼之年，李侍郎未官之岁，技擅平阳，家邻淮海，托身事主，得侍如皋。大夫极意怜才，遂遇颍川公子。分桃割袖，于今四年，虽相感微词，不及于乱。若乃弃前鱼而不泣，弊轩车而弥爱，真可谓宠深绿鞲欢逾绛树者矣。维时秋水欲

---

[1]　例如：据传为姜垚所著《从师随笔》，就曾评价蒋平阶"夫子寡言笑"。

波，玄蝉将咽。公子乃罢祖帐而言旋，下匦床而引别。江风千里，讵相见期，厥有惆怅之篇，曲尽离忧之致。仆岂无情，岂能胜此。伤心触目，曾无解恨之方。拊节和歌，翻作助愁之句。一时同人争和，是题诗多不载。

维崧与紫云的关系，当时虽已是众所周知，不过平阶在《惆怅词》序中，还是以好友的身份，将维崧对紫云的情感作了婉转的说明，同时也解释了维崧作《惆怅词》的缘由。

另外，维崧有诗《赠蒋氏》，虽未注明为谁而作，但观此诗语境及所描绘之人物特点，大抵为平阶所作。诗云：

船头载蒋生，船尾夏秋烟。手持绿玉杖，口诵青霞篇。……倏忽四五年，幸舍长淹留。历历寒山寺，闻寄相思字。不见寄书邮，空洒怀人泪。君住种山阳，几载发钱唐。谒帝三天子，�赤城梁。古来勾乘地，不减祝鸡乡。如经禹王庙，还饮玉妃浆。回首若耶溪，姓氏徒芬芳。

"绿玉杖""青霞篇"等特征，吻合平阶入道后之形象；禹王庙、若耶溪、种山，皆似平阶常居会稽之地，如种山即绍兴西隅府山。故而基本可判定此诗是维崧写给平阶的。

康熙四年，亦即是两人相识十三年之后，两人与史惟圆一道游宜兴城南。维崧有《八节长欢·元日后二日，积雨新晴，偕大鸿、云臣散步城南，望铜官一带翠色，眷恋久之，不克游南岳而返》记录此事：

竟欲成村。似曾著雨，第五桥边。盈盈临水寺，脉脉弄晴天。溪痕入画年光蒨，醉绕城，获市茶船。最好雏春乍霁，帽侧襟偏。　　群峰一笑嫣然。高低影，数行秀鬟堪怜。扬袂倚风前。凝薄恚，迎人却又迁延。恼何事，未斜阳，客子将还。终有日，棕鞋笋屐，细续前缘。

在平阶欲游山东安徽之时，维崧又作词《清江裂石·人日送大鸿由平陵宛陵之皖桐》相送：

彩燕粘鸡斗酒天。轻软到钗钿。准拟暗尘元夜，觅罗帕，月底灯前。讶胙艋来迎何太早，绿帆拖雨，贪看水成烟。殷勤问姑溪濑水，那似涮湖妍。　　二月向龙眠。枞阳城下，可还有，士女秋千。西望是浔阳，琵琶亭下，见说道边愁，已入新年。对东风，倚江楼，倘遇鲤鱼红尾，寄我碧桃笺。

乱世之中，好友相逢之后，常常便是遥远的离别。此次相聚之后，两人便很久没有见面。大略在康熙九年，维崧有一次与朋友聚会，偶尔听到别人提及平阶，引发了思友之情，写下了《南柯子·席上赠让侯时客有语及蒋大鸿者因并忆之》：

菊瘦人回棹，橙香客研筝。相逢曾在凤凰城。记尔飞扬跋扈，旧时名。　　萍梗成遗叟，嶒崚任老兵。停杯忽忆杜陵生。今夜一钩新月，若为情。[1]

平阶之子左箴，大概在三藩之乱时，秘密参与反清复明之事。康熙十五年左右，左箴入岭南幕，但不幸殁于幕中。左箴去世后，维崧作《红林檎近·大鸿有西河之戚作此代唁》表示哀切，安慰好友。

康熙十六年，平阶为维崧《迦陵词集》作序。平阶在序中极赞维崧之才情，谓："其年诗、古文，虽世人不能尽知，然大率震于其名，知与不知同声推服，独填词为其年生平所最忽，未有专书。予以为此不足轻重乎？其年也，今复示予《迦陵词集》五卷，予发而读之，窃谓今日之为词者，又何可废矣。……吾谓其年词之工，不工于其年之词而工于其年之才。人必见其年之词而后称其工，何足以知其年也。"

康熙二十一年，亦即入博学鸿词仅仅四年，维崧便郁郁而终；而此时，平阶早已遁世于堪舆之术，在名川胜水中寄托山河破碎之痛。

平阶与维崧的友情，始于文学之同好，深于艺术趣味之投契。

---

[1]《迦陵词全集》卷四有《探春令》"庚戌元夜"等三首，其后即接《南柯子》三首，其二即为"席上赠让侯时客有语及蒋大鸿者因并忆之"，故疑为此年所作。

　　　　　　　　　　　　　　　　　　　　　　　蒋平阶研究

两人长达一生的友谊，不因身份的不同、生活经历的不同而断裂。在维崧一生贫困奔波、平阶时常遁世躲藏的日子里，这份友谊从未离开过。他们之间的关系，对什么是君子之交、以文会友做出了最好的说明。

四、友人张煌言

张煌言：字玄箸，号苍水，浙江鄞县人，生于天启元年（1620年），殉难于清康熙三年、明永历十八年（1664年）；明末著名反清民族英雄。

赵尔巽《清史稿》有《张煌言传》，云：

明崇祯十五年举人。时以兵事急，令兼试射，煌言三发皆中。慷慨好论兵事。顺治二年，师定江宁，煌言与里人钱肃乐、沈宸荃、冯元飏等合谋奉鲁王以海。煌言迎于天台，授行人。至绍兴，称监国，授翰林院修撰。入典制诰，出领军旅。三年，师溃。归与父母妻子决，从王次石浦，与黄斌卿军相犄角，加右佥都御史。鲁王诸将，张名振最强。四年，江南提督吴胜兆请降，煌言劝名振援胜兆，遂监其军以行。至崇明，飓作舟覆，煌言被执。七日，有导之出者，走间道复还入海。经黄岩，追者围而射之，以数骑突出，自是益习骑射。集义旅屯上虞、平冈。诸山寨多出劫掠，独煌言与王翊履亩劝输，戢所部毋扰民。……乾隆四十一年，高

　　　　　　　　　　　　　　　　蒋平阶研究

宗命录胜朝殉节诸臣，得专谥者二十六，通谥忠烈百十三，煌言与焉。忠节百八，烈愍五百七十六，节愍八百四十三。祀忠义祠，职官四百九十五，士民千七百二十八。诸与煌言并起者，钱肃乐、沈宸荃、冯元飏，明史并有传。[1]

依其所载，永历七年，亦即是顺治四年，松江提督吴胜兆反正，张煌言帅军至崇明，为飓风所困，兵败；与此同时，平阶亦参与举兵，他到舟山拜访黄斌卿，图谋共举大义，后因事泄，清军捕捉甚急，平阶便逃至苏州。明永历四年、清顺治七年（1650年），张名振居舟山，召煌言入，以平冈兵授刘翼明、陈天枢，率亲军赴之。这一年秋，王翊破新昌县城，清军随即会攻大兰山，王翊退至滃洲。而平阶于己丑至庚寅年间，周旋于松江、嘉善、嘉兴、平湖、海盐、海宁、吴江、萧山等地，并在浙东兵败后避居海盐。

明永历五年、清顺治八年（1651年）七月，清兵三路下滃州，王翊被俘于北溪，八月被害。九月初，清军破舟山，张肯堂自杀殉国，宋子犹奔跳荒岛中得以逃生。清军攻滃洲之时，张名振攻吴淞，意图牵制清军。清军破舟山之后，煌言入金门，投奔郑成功。这一年的夏、秋，平阶参与密谋反清，回浙西、苏南，离海盐经袁花、长安、嘉兴等地回松江，联络义军。明永历六

[1] 赵尔巽：《清史稿》卷二百二十四，《列传》十一。

年、清顺治九年，煌言为张名振监军，经舟山至崇明，进次金山。这一年，平阶秘密参与张名振、张煌言反清之事。自 1654 年至 1655 年间，张名振、张煌言于崇明围击清军，并于多次入长江反清，会同郑成功部甘辉、陈六御等收复舟山，1655 年 5 月复取瀍州。平阶此间与煌言多有接触谋划，往返奔赴其事。

战乱中，两人常常各奔东西，难以见面。大略在永历十四年之前，平阶寻得机会写了一封信给煌言，在书信中讲了自己的情况。煌言见书信后，有感而发，赋诗《岁暮得蒋驭闳信兼见其新制寄赠二首》。诗后小注云"蒋旧授御史，今入道"。其诗一云：

> 海峤玄云入岁除，远从苕水下双鱼。
> 少微惨淡愁无奈，中散萧疏调有余。
> 仙舄不妨神武外，法冠何似惠文初。
> 鉴湖珠树今何在？黄鹤摩天未卜居。

诗二云：

> 梅花一寄起相思，闻向江湖学采芝。
> 吴市尚留仙尉迹，青门何限故侯悲。
> 鸿冥岂为飞扬倦，骢瘦还应行步奇。
> 独怪槎来十二载，只传柱下五千辞。

在诗中，煌言对平阶由原来的沙场之将，变成了黄冠避世、访仙学道的世外之人，感慨万千。

明永历十八年、清康熙三年（1664年），张煌言被捕，成仁于杭州。

总体而言，平阶与煌言之谊，虽有诗友性质，但更多的是革命同道，两人以反清救亡为纽带，紧密团结在一起。

五、友人施闰章

施闰章：字尚白，一字屺山，号愚山，一号蠖萝居士，又号蠖斋，晚号矩斋，宣城双溪人。生于万历四十六年（1618年），卒于康熙二十二年（1683年）。顺治六年（1649年）进士，历官顺治、康熙两朝，曾任刑部主事、山东学政、江西参议分守湖西道、翰林院侍读，晚年奉诏纂修《明史》。清初文坛、诗坛大家，与宋琬齐名，有"南施北宋"之誉，其诗被称为"宣城体"。《清史稿》有传：

施闰章，字尚白，号愚山，宣城人。祖鸿猷，以儒学著。子姓传业江南，言家法者推施氏。闰章少孤，事叔父如父。从沈寿民游，博综群籍，善诗古文辞。顺治六年进士，授刑部主事，以员外郎试高等。擢山东学政，崇雅黜浮，有冰鉴之誉。秩满，迁江西参议，分守湖西道。属郡残破多盗，遍历山谷抚循之，人呼为施佛子。尝作《弹子岭》、《大阬叹》等篇告长吏，读者皆曰："今之元道州也。"尤崇奖风教，所至辄葺书院，会讲常数百人。……初，闰章驻临江，有清江环城下，民过者咸曰"是江似使君",因改名使君江。及是倾城送江上,又送至湖。以官舫轻,民争买石膏载之,乃得渡。十八年,召试鸿博,授翰林院侍讲,纂修《明史》,典试河南。二十二年,转侍读,寻病卒。闰章之学,以体仁为本。置义田,赡族好,扶掖后进。为文意朴而气静,诗与宋琬齐名。……著有《学馀堂集》、《矩斋杂记》、《蠖斋诗话》,都八十余卷。闰章与同邑高咏友善,皆工诗,主东南坛坫数十年,时号宣城体。[1]

平阶与愚山先生之谊,大略始于顺治年间。其时,宋琬、施闰章、周茂源、严沆、丁澎等号称"燕台七子"。愚山先生有诗《江亭短歌送周釜山》,诗云:"釜山作诗愚山眠,自憎带病楚江边。青枫暗日秋雨急,当临送别心茫然。……又不见,蒋大鸿,董苍水,其人未见才并美。安能同坐九峰颠,笑看渔父苍波里,行矣相思我与尔。"[2]在这首诗中,愚山先生提及了平阶及董苍水[3],可见当时便与平阶、宿来、苍水等人皆熟悉。

愚山先生有《答蒋大鸿》一诗[4],诗云:

昨夜鄱湖风浪起,飞出江南一双鲤。美人寄我歌曲长,绵绵

[1] 越尔巽:《清史稿·列传》二百七十一《文苑》一。
[2] [清]施闰章:《施闰章诗(上)》,广陵书社 2006 年版,第 369 页。
[3] 董含(1624—1697),字阆石,又字榕城,号苍水,松江华亭人。顺治十八年进士,因江南奏销案被黜归里,绝意仕进,耕读自娱,有《古乐府》《三冈识略》《蓴簪感逝录》《安蔬堂诗稿》等。《嘉庆松江府志》卷五十六有传。
[4] 施闰章:《施闰章诗(上)》,广陵书社 2006 年版,第 369 页。

远道九回肠。生未相逢苦相忆，置书三叹谁能忘。跋扈词场殊不少，可怜难得心期好。侧闻意气略时辈，论交执意非草草。十年不肉亦不妻，南游江楚东会稽。寻山自具客儿癖，挥策直蹑青云梯。餐霞弄日绝壁外，碧萝琪树千风低。棲迟爱作陵阳客，手自钞书动盈尺。登我溪上阁，坐看敬亭山。把杯半醉叫李白，谢公楼畔时往还。我欲因之附归梦，枫林踯躅摧心颜。

在此诗中，愚山先生不但赞扬了平阶之诗词造诣（"跋扈词场殊不少"），同时也揭示了不少平阶的生平事迹：如"十年不肉亦不妻"，乃指平阶入道之事。平阶大致于顺治二年至顺治五年入道，"十年不肉亦不妻"则说明他已经长期茹素，没有再婚。"南游江楚东会稽"，则证明后世所传平阶"遍游大江南北"之说并非空穴来风。"客儿"乃谢灵运小名，谢灵运好营园林、游山水，于会稽东土隐居，"寻山自具客儿癖"一句暗示平阶有谢灵运之风，且定居于会稽。"棲迟爱作陵阳客"，借用传说中陵阳子明得仙之事代指平阶的黄冠入道。另外据"手自钞书动盈尺"，可见平阶对读书之热爱，亦可见其当时之清贫。[1]

---

[1] 严佐之在《"白头方解手抄书"：查慎行〈抄书〉诗及明清"抄书"诗释读——兼论明清写本文化的"自适"性》一文中认为："明清诗人以'抄书'入诗者，或推清初名家宣城施闰章与查慎行最为相似。在施闰章笔下更有不少描写友人热衷抄书的诗句。……又施闰章好友华亭蒋大鸿，以词名家，'创为西蜀南唐之音'，施氏《答蒋大鸿》诗，称之'手自钞书动盈尺'，……在明清'抄书'诗'镜头'聚焦下的抄书人，似乎大多是现实生活中的贫穷困厄者。"（《北京大学中国古文献研究中心集刊（第11辑）》，北京大学出版社2011年版）

康熙六年，平阶与黄宗羲、毛奇龄等挈弟子于会稽拜会董瑞生。姚名达在《邵念鲁年谱》中转邵念鲁《思复堂文集》之"东池董无休先生传"，其中提及："董瑞生……明亡后，散发缁衣，雠录蕺山刘子全书。诫其子，学在居敬，能守曲礼，由是而之程朱之门不远矣。……康熙六年，瑒请蕺山高弟子张奠夫、徐泽蕴、赵禹功等集古小学，敷扬程朱王刘家法。于是黄宗羲、宗炎、毛奇龄、蒋大鸿（字）等皆挈其弟子，自远而至。值督学使者，按越下县，会者近千人。越中士习，复蒸蒸起矣。"[1]亦即是说，在康熙六年左右平阶等人于会稽拜会董瑞生。而在这一年秋，愚山先生以裁缺归，有《检讨毛西河奇龄撰先生墓表云已奉》之文，可见闰章与毛奇龄早于此时已相识。[2]康熙七年秋冬，愚山先生游浙、闽，后辑有《三山游草》。同一年，毛奇龄等于绍兴参与黄宗羲之讲会。《施愚山先生年谱》载其于七月十五日以后有闽游日记，至十二月二十一日旋里，其间游茅山、西湖、富春江等地；平阶与愚山先生这一年的相聚极有可能在此期间。

大略在康熙十二年左右，平阶居会稽，得愚山先生《寄蒋大鸿》一书。书云：

先生遂为越人耶？相去六百里，日日说出门不可得，古之千

---

[1] 姚名达：《邵念鲁年谱》，商务印书馆 1930 年版，第 322 页。
[2] 据《方以智年谱》，乙巳（1665 年）十二月初六日方以智与毛奇龄、施闰章等游青又庵"刻石记名，尽兴而归"，亦可佐证。

里命驾者何人哉？近且比岁无书问，穷蹙不必言，又频频为俗物败人意，前贤称"读书著书，游好山水，皆是厚福"，旨哉其言也！去秋薄游黄海，见所未见。自今以往，决计一游天台、雁荡，便坚卧双溪草堂老矣。诗文小道，无足恃。近稍编辑，苦无定我文者，不能不为君一骚首。大作刻就者，愿见一二。又，《黄山游草》一帙，沘笔直示，可当谈宴。

辛亥年，愚山先生曾约方以智游黄山，方以智作《得施愚山书约来年游黄山》。壬子年八月八日，愚山先生作《黄山游记》。《施愚山先生年谱》云："康熙十一年壬子，先生五十五岁，归里门，秋游黄山……又黄山游记、又有斗山重九游宴序。"据书中"去秋薄游黄海"，可证愚山先生与平阶之信应写于康熙十二年。信中提及"先生遂为越人耶"，《华亭县志》谓平阶"乐会稽山水，遂止焉"，《绍兴府志》云"乐会稽山水，遂家焉"，可见平阶此时已定居会稽。

康熙六年，清廷裁撤道使，愚山先生被罢官。后归乡闲居十年，一心服侍叔父终老，无意仕途，每遇朝廷征召，称病不就；至康熙十八年朝廷开博学鸿儒科，仍称病不应。其叔一再劝说，方离家北上，与陈维崧、汪琬、朱彝尊、施闰章、毛奇龄、尤侗诸友入博学鸿儒。后授翰林院侍讲，纂修《明史》。

六、友人毛奇龄

　　毛奇龄：又名甡，字大可，又字齐于、初晴、晚晴、老晴等，号西河、河右，浙江萧山人。生卒年各传略有不同，《清史列传》卷六十八作万历四十八年生，康熙五十二年卒；《清代人物生卒年表》作天启三年生，康熙五十五年卒；《西河合集》总目、《萧山毛氏宗谱》卷四作康熙五十二年卒；阮元《国史文苑传稿》《绍兴府志》卷五十三等作康熙五十五年卒。毛奇龄少时即聪慧过人，有"神童"之誉。李天馥在《西河文选序》中评价："其诗其文，皆足上越唐宋而下掩后来，间尝以其诗比之少陵，以其所为文拟之吏部，觉少陵与吏部俱无以过。且即以其学而较之唐之孔仲达、陆德明、小司马、李善，宋之刘攽、洪迈、王应麟、马端临辈，而诸公所著，皆能指其瑕而摘其类。然且才不能相兼，杜歉于文，韩逊于诗；而才又不能兼学，韩、杜、欧、苏，典籍稍疏，而孔、陆、刘、马辈，则又徒事博恰而无所于著作。而西河皆有以兼之。"

　　毛奇龄于崇祯十年（1637年）入县学为诸生，旋从绍兴司理陈子龙游，子龙评其文为"才子之文"。明亡后，避兵城南山中，筑土室读史书。后入南明军中，败后亡走山寺为僧。顺治年间，参加浙地的文社活动，喜与人争长短且出言刻薄，人多忌恨，遭怨家构陷而亡命。

毛奇龄从陈子龙游，其时陈子龙为绍兴司理，"乐引后进"。崇祯十四年，平阶自福建返云间，并游绍兴，拜会陈子龙，听刘宗周讲学。蒋、毛两人相识，大概在此期间。[1]康熙六年之后，平阶与奇龄皆携弟子在会稽拜会董瑞生，可见两人平素亦时有联络。康熙十七年，清廷开博学鸿儒，《绍兴府志》载："朝廷开史局，征博学鸿词，故人欲为平阶地，亟驰书止之。"师陀先生认为要推荐平阶入史馆纂修《明史》的故人"就是毛奇龄，即萧山毛大可"，虽然这种判定是否确实还可以商榷，但由此也可见两人的关系确为熟悉且友善。

奇龄曾为平阶长子曾策之诗集作序。在此序中，他不仅谈及平阶及曾策之诗，也记录了两人的熟络关系，对平阶及曾策大加赞赏。《云间蒋曾策诗集序》云：

昔之为诗者，尝有为正变之说者矣。正居其一，而变居其九。盖纪治之音少，忧离之什长也。……崇祯之末，言帖括者诗不

---

[1]［清］毛奇龄《云间蒋曾策诗集序》云"崇祯之末，先生仕吾郡，……维时则窃观先生座中有所谓杜陵生者，先生每指之，称能诗焉，……予昔交杜陵，爱其言诗"，亦可证两人相识时间概在此时。

工，然亦无正言诗者。华亭陈卧子先生，遂与其同党言诗。当是时，先生仕吾郡，漳州黄宗伯过之，携吾郡士人登会稽山，顾座中赋诗，无能者。即他日索之座之外，无能者。维时则窃观先生座中有所谓杜陵生者，先生每指之，称能诗焉。乃不十年，而郡之以诗与人争短长高下，诟讦攻辨者，断断如市。迄于今，又不下十五年，而郡之言诗者仍少，即向之姤辨不已者，亦复稍稍谢不敏去。……予昔交杜陵，爱其言诗，然不相见者且十年也。今既见杜陵而读杜陵诗，称善；及其既也，又读杜陵之子曾策诗，又称善。夫天下之望治亦久矣，治极于乱而无诗，或乱进于治而有诗，然以天下之所必不能者，而杜陵父子独能之，是岂华亭文物固自有殊，抑陈先生之为教有未渝，抑亦杜陵生家学原有得之于深者而使之然耶？……向者杜陵称予诗谓情文流靡，有似离骚，而吾亦谓杜陵父子，其寄物肆志，大者得之正，则次亦不失王褒刘向之徒。夫离骚，变诗也，然变而不失其正，故正之变而诗亡，变之变而离骚亦亡，然则曾策亦持其不变者也。[1]

序中，奇龄回忆了与平阶相识之旧事（"当是时，先生仕吾郡，……维时则窃观先生座中有所谓杜陵生者），借陈子龙之语，誉平阶"能诗"。不过奇龄自称与平阶友善，乃因"爱其言诗"，闭口不谈两人青年时反清之事，一则避免在文网严酷之时为两人

---

[1]〔清〕毛奇龄：《西河文集序三》。

带来麻烦，二则也因奇龄中年之后入仕为官，心态已变，处事较为谨慎。

奇龄在诗歌创作上肯定平阶父子之实践，认同"变而不失其正"的观念。奇龄认为，诗歌之创作，应在保持"正"优先地位不变的情况下，再创新和变化，尝试"变"之创作。历经经世巨变，奇龄于"治极于乱而无诗，或乱进于治而又有诗"有着极深之感受。在其看来，诗歌创作未必符合时代之步伐，文化繁荣未必符合政治之变化。平阶、奇龄两人的诗文创作皆深受陈子龙影响，奇龄云"爱其（平阶）言诗"，乃因平阶的诗歌创作吻合了奇龄之创作观，盖有此说。

七、门生姜垚

姜垚：字汝皋，号苍崖，浙江余姚人，生卒年不详。清王昶《国朝词综》有小传云："姜垚，字汝皋，余姚人，贡生，官国子监学正，有《柯亭词》一卷。"[1]《绍兴府志》有"姜希辙"传，提及姜垚为其子，并提及与黄宗羲、蒋平阶、毛奇龄等人曾馆于家。云："姜希辙，字二滨，余姚人，世居郡城，工部郎中天枢子也。明崇祯壬午举顺天乡试。……辛丑分校会试。家居数年，复起为户科，至奉天府丞，引疾归。希辙，名家子，畅晓庙堂典故。……及还家，修士大夫居乡之礼，凡郡中利害，必白当轴者，不以嫌怨而少避。老成夙学，若黄宗羲、蒋平阶、毛奇龄辈，皆馆于家，以主盟艺林，四方之士趋如流水，遂名彻海内。自希辙捐馆，而前辈风流熄矣。年七十八卒。子垚，字汝皋，国子监学正。"[2]亦有地方志载其传，云："姜希辙，字二滨，姜天枢之子，徐山人，后住于郡城。……清初，授温州教授，后迁为元城县知县。……

---

[1]［清］王昶：《国朝词综》卷十七，嘉庆七年刻本。
[2]［清］董钦德、王之宾：《绍兴府志》卷之五十八，康熙二十四年刻本。

子姜垚，字汝皋，由廪贡生教授新昌县学，后迁为国子博士。"[1]此处关于姜希辙的记载，大抵与府志同。董玚《蕺山弟子籍》一文，列有"学人"一栏，提到绍兴学人（即刘宗周弟子的学生），概有毛奇龄、黄正谊、黄百家、姜垚、邵廷采等人。清华大学图书馆藏有《子刘子遗书》三册，计《子刘子学言》三卷，每卷之末有"学人姜希辙校刻""后学吕留良同校"，其余同校者有张履祥、姜垚、黄宗炎、徐辖缙、万斯选、吴之振、黄百家、吴尔尧等人。屈大均《喜姜汝皋自越州至》云："韦氏温恭甚，威仪总玉珂。家风多讽谏，祖德更弦歌。"盖言姜垚父辈之事。

姜垚为毛奇龄门人，亦为平阶得意弟子之一。毛奇龄与姜家交往甚深，姜希辙曾为毛奇龄之父作《敬翁毛老伯先生八秩寿图小言》。毛奇龄于出亡前，曾在姜希辙家开馆授徒，姜家子侄多人拜毛奇龄为师。毛为怨家所陷后，姜希辙四出奔走，为其雪冤，终使其结束流亡生活。姜希辙年七十时，毛作《姜京兆七十》为贺。康熙三十七年五月十二日，姜希辙无疾而卒，毛奇龄为其作《奉天府府丞前礼科都给事中姜君行状》。毛奇龄在诗文中多次提及姜垚。姜垚精研易学，毛奇龄在四库全书《皇朝文献通考》卷二百十四撰《见易类》云："学校问前，答门人张希良问学校之名，继答门人吴鼎问庙学中先师设主因及乡饮养老之礼，又因门人姜垚问九室五室之辨，故复着明堂问一篇。"朱彝尊撰《经义

---

[1] 福全镇志编纂委员会：《福全镇志》，第二十二章人物传录，中华书局 2012 年版。

　　　　　　　　　　　　　　　　　　　　　蒋平阶研究

考》卷六十七谈姜垚《易原》，对姜垚的易学大加褒奖："宋俊序曰：六经皆圣人治世之书，而易独为圣人治心之学。治世者，本乎人；治心者，原于天。自庖牺一画而三圣人各阐其秘，后贤虽竭其推测，亦听夫人之自为易而已。……《易原》一书，姜子治心之书也。举六十四卦而皆返之于心，即皆合之于天，于忧患中而悟洁静精微之旨，直与匡鼎说《诗》郭象注《庄》等而，岂艰深怪僻如扬雄、焦赣者同日而语哉。"

大约在康熙十六年，姜垚辑《柯亭词》，平阶为其作《柯亭词序》。序云：

余纵心棲遁，啸歌自适，遂于词章声律，稍稍浸淫，此亦古今人之一大窟宅也。我遁其中，若华胥古国，谁复知人间世有此纷挐者乎？乐矣！……故年来徙越，特近苍崖姜氏，盖日夕交勉，不在世人纂组之末矣。苍崖家学有源，自命不苟，既博涉孔老之书，又于天官、地志、医药、象数之余，罔不探其蕴奥，冀措诸施行。鹄立同群之中，用世之才也。今将学仕，以试其生平所揣摩，尺组方膺，仔肩淩及，乃征鞍之上，忽有填词数十阕，何其翱翔自得也。

林玫仪先生认为，"由此段引文，不仅可证明二人关系匪浅，亦可知姜垚于术数方面确有过人之处。此不独由于得自蒋氏真传，也因其家学渊源"，"（平阶）直承姜垚在其门生之列，且是梓行其书者，可见同时门生，所传专业偏重却有不同。姜垚作词之态度，似以余事为之……"[1]

姜垚不仅工于诗词，尤醉心于术数玄学。毛奇龄《姜尧招登香炉峰绝顶同姜十七廷梧商二徵说》"苍崖四顾意气开，吹笙跨鹤真仙才。何年乞汝盈箱药，共俟安期海上来"诗后小注云"尧号苍崖子，时修玄学"，亦证此。

康熙二十年（1681年），平阶作《地理辨正》之《序》与《辨伪文》。《序》云："于姜诸子问业日久，经史之暇旁及此编，岂好事哉。……姜氏习是编而遽梓之以公世，其又为天下后世之有亲者加之意欤？允哉，儒者之用心也已！"可见姜垚随平阶习地理之学时日匪浅，亦深得平阶的欢心。《辨伪文》称"丹阳张孝廉仲馨，丹徒骆孝廉士鹏，山阴吕文学相烈，会稽姜公子垚，武陵胡公子泰征，淄川毕解元世持，昔以文章行业相师，因得略闻梗概"，平阶不但明确了门生惟有姜垚等人，并且认可他们的人品和才华，"此诸君子，或丹穴凤雏，或青春鹦荐，皆自置甚高，不可一世，盖求其道以庇本根，非挟其术以为垄断"，所以才将地理之学传之诸人。

姜垚与平阶师徒情深。例如在平阶次子左箴离世后，姜垚作词《愁春未醒·挽蒋左箴》劝慰业师：

华亭梦断，鹤唳声稀，小陆多才思。他山婉恋少年时。自

---

[1] 林玫仪《〈支机集〉完帙之发现及其相关问题》，《词学》第十五辑，华东师范大学出版社2004年版，第66、97页。

昔将车出。干星象，报占台，乍游瘴海，罗浮仙峤，几度寒梅。　　岁岁思君，但看征雁，锦字空持。痛千古山阳遗调，吹送斜晖。岭外愁云，一行丹旐断虹垂。台门清泪，茂弘老眼。莫更沾衣。

再如多年与业师未见，姜垚思念平阶之情油然而生，写下了《蝶恋花·怀杜陵蒋先生》，词云：

几曲揉蓝芳树绕。隔岸梨桥，桂楫移来小。坐拥金樽频欲倒，更深漏断银河杳。　　别后萦情春又少。满目杨花，舞尽轻烟袅。盼杀归音总未到，那禁夜雨声声晓。

姜垚与平阶的师徒关系，亦可从他人的诗文中间接看出。如屈大均所作《喜姜汝皋自越州至（其四）》："春明归鉴水，岁尽向崧台。华白因无欲，松高为有才。将闲留日月，以止待云雷。更与杜陵子，谓蒋丈大鸿。"足见屈大均等友人都知晓姜垚师从平阶。

平阶、姜垚师徒在后世引起较大争议的，是传为姜垚所著的《从师随笔》，是书以姜垚口吻，记录了许多平阶与人相地之事。但此书仅民国《沈氏玄空学》一书有记载，别本皆未见。其文头尾突兀，所记之事疑窦甚多，如平阶在魏相国家中得秘笈、黄宗羲访平阶于余姚并请卜地等事，不合理之处甚明显。此书大抵为后人杜撰，恐非姜垚所作。

　　总言之，平阶与姜垚为师徒关系，且平阶与姜垚之父姜希辙熟知；姜垚为毛奇龄门生，而平阶与毛奇龄亦交好。故而姜垚与平阶的关系，为"熟上加熟"，超出了一般师徒的关系。姜垚主要随平阶习地理之术。至于诗词之学，姜垚自成风格，并未完全承接平阶一脉。

八、门生周积贤与沈亿年

周积贤：字寿王，早年聪慧，诗文宏丽，为周茂源之弟。生卒年未详。《明词综》卷七小注云："周积贤，字寿王，江南华亭人。"《江苏诗徵》卷八："周积贤，字寿王，华亭人。（王屋云：寿王早慧，工诗，年未三十而卒。陈检讨《答寿王书》称其撰述必传，雪重灵蛇，珍同和璧，殆有才士也。）"在《倚声初集》中，邹祗谟于《河传（春雨）》一首下注有："观其弟书云：'（寿王）十五岁作赋，又一年做骚，亡去遂不复作'。"《江苏诗征》与《国朝松江诗钞》皆云积贤殁时仅三十，积贤顺治酉、戌尚在。其卒概在顺治己亥（1659年）庚子（1660年）之间。逆计之，其之生年概在己巳（1629年）、庚午（1630年）或辛未（1631年）之间。林玫仪先生推断平阶与周积贤亦师亦友，年纪相差不大，平阶与周、沈二人虽有师徒名分，实际年龄相差应不甚多；此推断应可靠。

沈亿年：字幽祈，又字秬承，为沈德符之孙。其父克家[1]、伯

---

[1] 沈克家，字庆仲，沈德符次子，沈亿年之父，诸生。康熙《嘉兴府志》称其"读书不仕"，嘉庆《嘉兴府志》称其"善读书"。据平阶《于沈庆仲斋中度岁二绝》《暂与庆仲别妻然有作》《庆仲偶客钱唐有怀而作》诸诗，可见其不但与沈亿年有师徒之谊，亦与沈父交情甚深。

父过庭，与平阶皆友善。明永历元年、清顺治四年左右，平阶为躲避清军捉捕，避居嘉兴秀水沈亿年家中。在此期间，平阶作诗《于沈庆仲斋中度岁二绝》记录了当时的情形。《王胜时游记》也记录了平阶此时避居沈亿年家中的情况："……遇蒋大鸿于禾中沈幽祈家。皆同门友也。时大鸿避地自称杜陵云。"[1] 亦可知沈家与平阶关系之深厚。

积贤与亿年均为平阶弟子，侍学平阶多年，尤承平阶诗词之学，师徒等人有《支机集》三卷。平阶对积贤、亿年之才情极为赞叹，于《支机集》序中云："周子蓝田旧目，柳市余风。伯仁之酒态差豪，公瑾之曲声频顾。孔雀之对，传自童年；鹦鹉之篇，成于顷刻。千里之胡霜共践，三冬之积血同吟。沈子系出西豪，世称才子，家藏策府，手绘遗书。壮发方垂，即有冲冠之气；柔翰乍染，便高题柱之才。遂能作张俭之主人，更自引李膺之弟子。"值得注意的是，平阶在序中对两位弟子的才情虽然都作了较高评价，但还略有区别：对积贤是重点评价了他的写作才华，对亿年则强调了他藏书世家的背景。[2]

另外，颇有意思的是，虽然周积贤拜平阶为师，但平阶儿子又拜周积贤为师。"蒋平阶之二子守大、无逸，以及沈亿年之弟英节，又皆拜周积贤为师。此种学生又收老师之子为门生的情形，

---

［1］［清］王胜时：《王胜时游记》，广益书局民国二十八年版，第19页。
［2］ 范知欧认为："沈亿年之父沈克家娶过庭训之女，过庭训家累世富藏书。……明清易柞后多年，沈氏家族尚不失故家规模，所藏典籍仍有不少。"见《沈德符家族藏书事迹始末钩沉》，《文献季刊》2011年10月第4期。

蒋平阶研究

甚为罕见。推断其主要原因，一则当然是因为周积贤才华极为出色，一则应是历经世变，师徒共同亡命天涯，情逾骨肉之故。"[1]此推断较为可信。积贤与亿年常随平阶左右，数度沧桑，不但在诗文上相互印证，更在人生中相互支持。故而平阶所结交好友，积贤与亿年也多有认识。如明永历六年（清顺治九年），平阶与陈维崧在嘉兴定交，积贤、亿年亦同识陈维崧。如陈维崧在《周寿王俞恭藻二子咏怀诗跋》中云："陈生客禾五十日，久之，不自乐思归。先是杜陵生及沈生者，已散去数日矣，俞子招周子同一小楼而处……"[2]可知陈维崧不但与平阶友熟，且与积贤、亿年熟知。又，明永历十一年（清顺治十四年）八月，冒襄主世盟高会，上下江友及子弟大会于秦淮，复社成员、反清义士及明之遗民子弟大聚，达94人之多。方中通《丁酉秋日父执冒朴巢大会世讲于白门》诗前注列举与会之人58名，其中即有平阶之子无逸、门生积贤。同一年，平阶又与积贤翩然入越，与多人相聚同游，并与吕相烈及吕之再从叔师濂、弟洪烈等诗酒唱和。平阶在《天元五歌阐义》序中云："丁酉之岁，偕我周生翱翔入越。"足见其时与门生相伴出游，心境舒畅。明永历十二年（清顺治十五年），平阶与陈维崧、计东等相聚欢谈，门生积贤、亿年俱在。陈维崧《南湖宴集同姜如农、陈淡仙先生、俞右吉、朱子葆、子蓉、严览民、计甫草、俞恭藻、余淡心、蒋驭闳、金天石、周寿王、沈幽祈、

[1] 林玫仪：《〈支机集〉完帙之发现及相关问题》，第78页。
[2] ［清］陈维崧：《湖海楼文集》卷四，光绪辛卯弇山铎署重刊本。

宋既庭御之、蒋篆鸿、徐世臣、任王谷赋》即提到三人之名。

平阶与积贤的关系，还可以延伸到周稚廉身上。周稚廉，字冰持，周茂源之孙，周积贤之侄孙。其人年少有才，以《珊瑚玦》《双忠庙》《元宝媒》名噪一时，另有词集《容居堂词》。平阶为其作《容居堂词题词》，大加称赞，云："词章之学，六朝最盛。余与阳羡陈其年、萧山毛大可、山阴吴伯憩力持复古。今得冰持，而海内有五矣。昔贤谓等身著作，今冰持所著亦复尔尔，谁谓今人不及古人也？"[1]

平阶一生历经家国巨变，大概除了家人之外，与积贤、亿年等门生的感情尤为深厚。故而在积贤、亿年成亲之时，平阶忍不住内心的喜悦，写下了《天台宴》。词前小序云：

吾门沈子幽祈、周子寿王，齐年同学，均有高尚之致，物表之思。辛年令序，同举嘉礼，予以比古刘阮之事，戏为新调以赠，名曰《天台宴》。

在《支机集》序中，平阶更是包含感情地写道："何事牛车之旁，尚余儿女；所幸篮舆之下，犹有门生。"可以看出，平阶与两位弟子的关系，除了师徒关系，更蕴含着在乱世中共赴艰难、相依为命，如同家人般的深厚情感。[2]

---

[1] 冯乾编校：《清词序跋汇编》卷二，凤凰出版社 2013 年版，第 203 页。
[2] 蒋平阶之门生，除周、沈、姜等较为知名外，尚有其余。如覃恩之次子覃泰征，亦从平阶学诗文。此见：应先烈修、陈楷礼纂《嘉庆常德府志》卷四十一："（覃恩）次（子）泰征，荫贡生，师事华亭蒋大鸿。"

九、王倩诸友

上述之外，蒋平阶尚有许多交往师友，惟所见材料不足，只能略叙一二：

王倩（生卒年不详）：字曼仙，山阴人，有《空翠词》。[1]《国朝词综补》录有《如梦令》(凤管鹅笙成串)、《望江南》(江南好，绿树接红桥)等。平阶为其作《空翠集序》。在序中，平阶称赞道："吾于越郡雅好吴子伯憩之词，以为独步当时矣，不虞复有王子曼仙者。盖王子与吴子人地相颉颃，而年齿相先后，其选声度曲，虽揎染异宜，雕馊殊巧，而各极其能，同归于至。我反复王子诸作，虽涉宋元之涂轨，以登唐人之闺奥，然其工力所造，殆不止此。直似相如赋心，触物造奇，思穷杳冥。……《空翠》之刻，视《香吹》相去不十年，所论东南之美者，一时并称二妙。"[2]对王倩之作褒奖为"似相如赋心"，评价甚高。

计东（1624—1675）：字甫草，号改亭，吴江人。生平事迹见

---

[1] [清]丁绍仪辑：《国朝词综补》卷九，光绪戊戌刻本。
[2] 冯乾编校：《清词序跋汇编》卷一，凤凰出版社2013年版，第36页。

《清史稿》《清史列传》《国朝耆献类征》《国朝先正事略》《晚晴簃诗汇》及尤侗所作《计孝廉传》等。《清史稿》称其："少负经世才，自比马周王猛。遭世变，著《筹南五论》，持诣史可法。可法奇之，弗能用也。顺治十四年，举顺天乡试，旋以江南奏销案被黜，尝从汤斌讲学，又从汪琬受欧曾古文义法，故其为文具有本原而一，出以和平温雅。"[1] 今传《改亭诗集》六卷、《改亭文集》十六卷。《晚晴簃诗汇》卷二十八录有计东诗《答云间蒋驭闳》：

> 西陵原上忆经过，屈首从君学《九歌》。
> 岂意边书警御宿，遂令复壁老山阿。
> 破家张俭飘零久，赁保王成辛苦多。
> 今夕相逢还道故，数声鹤唳起庭柯。

从此诗可以看出蒋平阶的诗词艺术特点和大致生活轨迹，也可以看出蒋平阶与计东的友情匪浅。

周篔（1623—1687）：初名筼，字公贞，有《采山堂诗》。《晚晴簃诗汇》《清诗别裁集》《槜李诗系》等有传。《晚晴簃诗汇》："周篔，初名筼，字公贞，更字青士，又字筜谷，嘉兴人，有《采山堂诗》。"《清诗别裁集》："字青士，浙江秀水人。著有《采山堂诗》。……至今秀水人犹津津道之。"《槜李诗系》："篔，初名筼，

---

[1] 赵尔巽等：《清史稿》，文苑一·十四。

字青士，号筜谷，嘉兴梅里人。……著有采山堂集。"周筼为人不趋附权贵，交游广泛，刚直好义，受朱彝尊赏识。《晚晴簃诗汇》卷十七录有周筼诗《将出门奉简蒋大鸿》：

> 会稽嘉遁拟追攀，孔阮风流共往还。
>
> 谁分投躯将万里，翻怜归梦失三山。
>
> 尘沙那避人间世，霜雪行摧客里颜。
>
> 最忆吾文劳点定，夜深灯火傍禅关。

李符（1639—1689）：原名符远，字分虎，号耕客，一号桃乡。浙江秀水（今嘉兴）人。《晚晴簃诗汇》卷四十载："李符，原名符远，字分虎，号耕客，又号桃乡，嘉兴人。有《香草居集》。"《槜李诗系》卷二十八："符，字分虎，号耕客，嘉兴人，应征之曾孙，梅里李氏，多才。符与绳远、良年齐名，时号三李，善诗词，尤工骈体。尝游滇，遇碧鸡山道士，曰：子前身庐山行脚僧也，后十年当归庐山。"与朱彝尊等结诗社。朱彝尊称其"精研于南宋诸名家，而分虎之词，愈变而极工"。康熙八年己酉，李符31岁，仗剑辞亲远游。秋，入黔，随后赴滇。在黔滇时与友人唱和。时张纯熙提学贵州，见其诗歌，亲访罗致之，改官滇南，复偕之行。盖在此时，《晚晴簃诗汇》卷五十一、《箧衍集》卷五录有蒋平阶诗《送李分虎之滇黔》：

万里南中路，春风入五溪。地分铜柱北，山险桂林西。

树酒尊堪泛，箪船棹自携。关梁庄蹻设，碑字武乡题。

水出滇池倒，天临瘴岭低。鸟言通八部，绣面接诸黎。

圣武初经略，征南振鼓鼙。三军持毕节，一战下和泥。

荒服开州郡，穷边走寄鞮。阑干红阘入，歌舞白狼齐。

汉使难重问，磨崖不可梯。乌蛮新幕府，属国旧朱提。

君听南征曲，能令乡思迷。山深鹦鹉语，花老杜鹃啼。

河外青蛉县，关前白马氐。还将碧鸡赋，迟尔到金闺。

黄涛（生卒年不详）：字观只，嘉兴人。《槜李诗系》卷二十三载："崇祯壬午解元，出陈子龙之门，国初为龙游教谕，迁滋阳知县，未仕卒。有《槜李古迹诗》。"《明诗纪事》卷三十有蒋平阶诗《黄观只述就狱始末为志悲感》：

何事辀车客，栖迟感岁华。

范滂宁就吏，张俭竟还家。

二月秦淮柳，三秋句曲花。

圜扉真不恶，慰尔莫长嗟。

张丹（生卒年不详）：字祖望，号秦亭，又号竹隐，浙江钱塘人，著有《张秦亭诗集》等。《诗集》卷三有《寄怀蒋大鸿二首》、《赠蒋大鸿新居》，从诗句中大略可知其与蒋平阶相识较早，交情颇深。《寄怀蒋大鸿二首》：

> 结契岁已久，丧乱苦奔趋。逃形天地间，江海为汝庐。良会即希观，搔首常踟蹰。好花秋更香，愿言采芙蕖。
>
> 芳草共为绿，春晓江上发。深浦满新烟，叠岭明旧月。林鸟即迅飞，云帆俄倏忽。当观秦望峯，与君共沐发。

《赠蒋大鸿新居》：

> 许椽便登临，阮裕泯宠辱。即以洽素心，每得披衷由。维子甘隐居，聊避世龌龊。遇人若不胜，守己颇内足。

何絜（生卒年不详）：字雍南，丹徒人，诸生，有《晴江阁集》，人称晴江先生，父为明朝遗老，临终嘱咐其不入清廷，故何絜一生不应科举。晚年修导引术。《晚晴簃诗汇》卷三十三、《光绪丹徒县志》文苑有传。何絜交游甚广，诗文名重一时。应聘两修府志，两修县志。康熙二十二年，受两江总督于成龙之聘任《江南通志》总纂。《晚晴簃诗汇》卷三十三有何絜诗《赠蒋大鸿》：

> 几社存耆旧，飘零早白头。
> 诗名追历下，文体法弇州。
> 阅世才应敛，全身志未酬。

因兹余涕泪，不肯话封侯。

陈世祥（生卒年不详）：字善百，号散木，江南通州人，举人，入清为官知县。有《楚云章句》《半豹吟》《含影词》《种瑶草》等。《含影词》有《沁园春·送沈方邺归宣城兼示蒋大鸿》：

句宛溪声，敬亭山色，近复佳么。记秋深枫槲，芒鞋遍踏，春先梅柳，藤杖频过。

怀谢空存，玉笙重到，此日人间感慨多。还堪笑，是君来邗上，一样蹉跎。　　繁华久已消磨。只些小红桥寄咏歌。赖群公高唱，特开风景，妖姬小曲，为点烟波。

语笑方酣，离情又起，短鬓看来黑几何。君行矣，向蒋生传语，早整归舸。

词后有小注云：谢怀阁，沈公绂读书处，王氏玉笙园在其侧，余甲申寓也，乙巳、丙午又寓此。乙巳即康熙四年。此年冬，平阶携子无逸游宣城，与汪懋麟、陈世祥、邹祗谟、沈泌等宴集敬亭山。

罗梦章：其人生平事迹待考。据《牧云和尚懒斋别集》卷之四有《复罗梦章道台》："病僧旧夏入天童，礼先师塔，闻台驾入山，未逾时也，住持木和尚详述卫法之切，遂神驰座下……意俟三春和煦，道途宁静，便当渡江，更图首谒维摩丈室……"可知罗梦章时为道台。又：全祖望《鲒埼亭集》卷第七《明故兵部尚书兼东阁大学士赠太保吏部尚书谥忠介钱公神道第二碑铭》载："自鄞、慈合兵，声势响应……而关外黄斌卿亦遣将以翁洲镇兵至，张名振亦以石浦镇兵至，知慈溪县王玉藻，知定海县朱懋华，知奉化县顾之俊，新授知鄞县袁州佐，知象山县姜圻皆以兵饷来会。宁守乏人，以通判罗梦章行守事，而太常庄公元辰助登陴焉。公以是月十八日奉笺迎请鲁王监国。"故疑罗梦章与蒋平阶于弘光元年左右以王事相识。《清诗别裁集》卷七、《箧衍集》卷十有蒋平阶《送罗梦章比部省亲还蜀》：

　　归心遥系武功天，巫峡春风万里船。锦水有桑堪养母，邛关何地可筹边？

　　云迷八阵愁鱼复，路转三巴泣杜鹃。自叹碧鸡词赋客，十年旄节竟空悬。

　　魏耕（1614—1663）：浙江慈溪人，原名壁，字楚白。甲申后改名耕，字野夫，又字白衣，号雪窦山人。出身于世胄之家，少时聪慧善学。后家道中落，为谋生计，学为衣工于苕上。甲申变后，投身于抗清之事，直至康熙二年被人告发，英勇就义。留有《雪翁诗集》十五卷，另附录诗评一卷，传记序跋题赠一卷。魏耕一生与抗清义士、明朝遗民多有交集，如祁班孙、祁理孙、朱士稚诸人。《雪翁诗集》有三首诗与蒋平阶有关。考虑到两人相近的政治立场和生活背景，再结合诗文内容来看，魏耕与蒋平阶应有较多交集。《雪翁诗集》卷八《萧山送别蒋平阶》诗云：

> 开帆宛在空，君去值秋风。江上碧峰出，海天晓日红。
> 芙蓉乡路近，故旧客途穷。肯折一枝赠，南来寄塞鸿。

卷十《喜蒋平阶见访莲花庄，蒋时奉玄拟栖隐霄上》诗云：

> 爱尔餐霞沧海上，远临毛节故翩翩。云中黄鹤千秋会，雪里
> 青山万仞悬。
> 桑苎开樽看落日，鹿门催室拟何年。遥知醉后眠清霄，不减
> 疏狂马自然。

卷十一《送蒋平阶游山阴》诗云：

> 观涛浙江去，采药剡溪行。射的连沧海，云门接赤城。
> 池边知洗屐，酒后会书经。挥尘沙门听，笼鹅羽士迎。
> 竹林标胜概，兰渚谢尘缨。五月杨梅熟，三秋荷枝生。
> 留连增逸兴，歌笑荡余情。萝月遥相忆，龙唇琴自鸣。

葛芝（1619—？）：原名云芝，字瑞五，号龙仙，又号骑龙山人，后因隐居山形似卧龙，改号卧龙山人。江苏昆山人，明末诸生。游于太仓张溥之门，17岁娶张采之女。遭逢经世巨变，顺

治二年弃诸生。而后十数年一心向道，矢志通三教之书。顺治末年，牵连于江南奏销案，幸免于难。后三年，父殁，葛芝自此隐居吴县青芝山著述修道，终老不出。葛芝擅古文辞，有《卧龙山人集》等。葛芝与张氏关系密切，与蒋平阶相识应当较早，但具体何年难考。顺治十五年春，蒋平阶至昆山，葛芝邀其一起到好友叶方恒家中赏牡丹。葛芝为此作诗《嵋初斋头看牡丹》，其中有句："扫径还看蒋诩来"，自注："蒋大鸿自云间至。"次年，葛芝再至叶方恒家中，赋诗《嵋初斋中看牡丹有作》，在"昨岁看花地"句下注："去春，与小范、大鸿看花于此。"康熙六年，葛芝五十寿诞之时，蒋平阶作《葛龙仙五十初度序》以贺，序云："葛子论交，百里之近，必先及余。"足见两人交情匪浅。葛芝有《送大鸿北游叙》一文，大概作于康熙初年，畅谈与蒋平阶之谊，赞叹蒋平阶之品行，感叹物是人非之变。《送大鸿北游叙》云：

　　二十年之间，士之负志节、敦行谊者，藏于深山，游于大泽，逃于沮洳、蓬蒿之中以自娱，人共安之而不以为非也。数年以极□□□□乃少变矣，大都出于莽荡鞅掌之游，之齐、之燕、之楚、之闽，趾之及于九州八方者相错也。或曰：水之性，□之则决；火之性，蕴之益隆。若此者，其殆隆与决之候耶？其欲干酒肉之味耶？余伏而叹曰：恶是何足以知之也？向者天下初定，干戈扰扰，人之心未尽澌灭也；立国者之文网似严而甚宽，民之困于诛求者犹未竭也。士之所谓负志节敦行谊者，抱道而处，独弦哀歌以自娱，而人咸重之，每过其庐，必曰"此某隐君之居也"，为之徘徊叹息不忍去。士有轻侠自命者，固不乏横车之悲，然藏于广柳之中、全于复壁之间者，多有未闻。人挟疑似之危，家雁诖误之诛也。竹箭犹在，杼柚未空，家有负郭数亩，足以自给，士顾好行其志耳，何必去坟墓、离乡井而后乐哉？迩者以来不忍言矣。以名相倾、以利相轧者，接踵也。见冠盖赫奕于道，则回翔磬折以趋之，而不以为耻；客有峨冠褒衣以者，疾趋而避之，反唇以议之，则人心之薄也。往年京口之变，比屋而诛者无算，牵连至今，刀锯相寻也，士之好立名节者，举目为跖之徒，以至弟子之诬其师，臣妾之倾其主伯，非是莫指，则世网之密也。饥馑之后，赋敛繁兴，世家大族，壶食豚蹄，盖有不饱者矣。而苍鹰猛虎眈眈如故也，则征求之困也。嗟乎，梁伯鸾之在汉也，盖承平之世也，犹且涉江、浮河、过都、越国，以肆其志，况至于今困穷之洊加、藜藋之不充，日惴惴焉。如桁杨斧钺之随其后，尚安得不生行役之思哉？吾于蒋子之行而喟然有感也。虽然，蒋子，志士也。是役也，宁独饥寒之是驱，不虞之是惧，盖将涉淮泗、历邹鲁，徜徉于渔阳、上谷之间。夫淮泗，韩侯之所游钓、文成所从受书地也；邹鲁之间，孔宫之钟鼓无恙，阙里之楸槚犹存也。渔阳、上谷，耿弇、吴汉中兴勋业所由起也。蒋子驱车其间，慨然必有所得矣。于其归，跪而问之。[1]

---

[1]［清］葛芝：《送蒋大鸿北游叙》，《卧龙山人集》卷八，清康熙九年刻本。

　　　　　　　　　　　　　　　　　　　　　　蒋平阶研究

葛氏之《叙》，在蒋平阶相关研究中罕见征引，唯程慕衡《秘传水龙经序》稍有摘引。葛《叙》述论互补，对理解蒋平阶的人生选择，以及晚年假青乌术游大江南北之真实心境大有裨益，故全文抄录于上，以供同参。

概而言之，蒋平阶一生恰逢鼎革之时，其交游亦极为广博，大致可分为文学师友、反清同仁、玄学道友三类。这三类人常常互有交集，并非截然分割；这种情况与平阶的生活经历紧密相关，也与那个时代社会的变化、激荡紧密相关。

第三章
诗词创作及相关问题

蒋平阶的诗词创作在当时已有较大影响，施蛰存先生说："蒋平阶是云间词派主要作家……平阶的诗文，时人称其'详瞻典雅'"，"其中'五代犹有唐风'两句，常为清初论词者王渔洋等人引述。我多年不知此言的来历，及见此书，方知其出处。由此可知这个观点，在当时已代表了云间此派的理论根据。即此一条，亦可谓是明清词史的重要资料。"[1]林玫仪先生认为："蒋氏一门不但全都学词，而且表现出色，盖因重要词选集如《依声初集》、《古今别肠词选》、《今词初集》、《兰皋明词汇选》、《明词综》、《国朝词综续编》、《瑶华集》、《国朝词雅》、《昭代词选》、《清词综补》、《清平初选后集》、《词坛妙品》、《全清词钞》等，几乎都选录诸人之作。……蒋氏师徒之作品似甚出名……""在时人心目中，俨然成为云间词派理论之重点（笔者案：此指《支机集·凡例》），足见蒋平阶师徒父子，在当时词坛必曾发出一段亮丽之光芒。"[2]至民国，鸳鸯蝴蝶派作家周瘦鹃辑《情词》，亦录有蒋平阶《天台怨》（暖香茬苒争春暖）等词，亦可见其诗词创作之出色。而蒋氏在后世之隐没，盖有多种因素，如反清禁言、黄冠入道隐居、晚年专治堪舆术、殁后著作散落等等；故而今知地学大师大鸿者众，知词学大家平阶者鲜矣。

---

[1] 施蛰存：《蒋平阶及其〈支机集〉》，《词学》第二辑，华东师范大学出版社1983年版，第223、224、225页。
[2] 林玫仪《〈支机集〉完帙之发现及其相关问题》，《词学》第十五辑，第81—82页。

一、诗词著作

　　蒋平阶之词,《清词综补》《全清词钞》《清平初选后集》《依声初集》《昭代词选》《明词综》等皆有收录,《支机集》则集其大成。[1]所谓支机,即支机石,隐含经世巨变、明清易代之意。《支机集》卷一收蒋平阶之词61首,兹列如下:

　　《绛州春》二首(天外柳)(青海月)

　　《荷叶栖》三首(碛里万山秋叶)(桃叶渡头风起)(紫燕故巢金屋)

　　《南歌子》三首(草暖鸳鸯泊)(暂脱盘螭髻)(对月凝歌扇)

　　《三台》二首(笼鸟莫笼怜妇)(玉案浅浮朱李)

　　《摘得新》二首(陌上桑)(倚画楼)

　　《渔歌子》二首(莙蕖塘前泛鹧鸪)(青筰船轻白浪高)

　　《望江南》五首(歌舞罢)(春欲晓)(江南柳)(凝望处)(空相忆)

---

[1] 关于蒋平阶《支机集》,施蛰存先生《蒋平阶及〈支机集〉》、林玫仪先生《〈支机集〉完帙之发现及其相关问题》,阐发甚详,此不赘述。本章所引《支机集》相关资料,主要依赵尊岳《明词汇刊》本,参考施、林二先生之勘校。

《浪淘沙》一首（妾住桐江第五滩）[1]

《江南春》一首（京口树）

《番女怨》二首（漠南秋尽黄叶卷）（荼蘼香阵迷梦锦）

《琅天乐》一首（双节引鸾箫）

《定西番》一首（岭外暮云千尺）

《长相思》二首（秦王宫）（吴山东）

《酒泉子》二首（枕上相思）（边草茫茫）

《醉公子》二首（五月天山雪）（指甲榴花色）

《恋情深》一首（豆蔻汤深香浪浅）

《浣溪沙》一首（越女莲舟曲半阑）

《菩萨蛮》七首（晚香深琐葳蕤鏑）（月轮碾过长生殿）（晓山
重叠芙蓉萼）（绿蘋对绾相思带）（暖杯送雨蓬莱洞）（瑞香毯子风
前落）（寒云一夜飞残雪）

《更漏子》四首（彩鸾笺）（金错刀）（落星滩）（菊花潭）

《阳台梦》一首（括香栏上金铃小）

《柳梢青》二首（又是春来）（苦忆檀郎）

《月宫春》二首（阿母当年嫁紫兰）（月支峰下耦耕儿）

《河渎神》一首（云梦楚天遥）

《双星引（新调）》一首（瑶草几番花）

《天台宴（并序）》六首（晚云低映桃花路）（暖香荏苒争春

---

[1] 赵本以此词为蒋平阶所作，林玫仪先生订为蒋守大所作（《〈支机集〉完帙之发现及其
相关问题》，第 70 页）。此处依赵本。

馆）（石花唾染鸳鸯锦）（绿狸铺上文犀簟）（九雏钗卸沉香掉）（浮槎不断银河信）

《虞美人》二首（紫金城外红铺绕）（白榆关外吹芦叶）

《临江仙》一首（禁苑花残春殿闭）[1]

《小重山》一首（忆别吴宫年又年）

又：朱彝尊、王昶辑《明词综》卷七录有《浣溪沙·红桥即事》（柳外高楼一带遮），叶恭绰《全清词钞》卷一录有《重叠金·秋闺》（晚山重叠芙蓉萼），《支机集》皆未见。

蒋平阶《支机集》诸词，应作于顺治八年（辛卯），汇辑于顺治九年（壬辰）。《支机集》有《天台宴》"晚云低映桃花路"，小序云"辛年令序，同举嘉礼"，可见此年春门生沈亿年周积贤同举嘉礼，蒋平阶作词为贺。《支机集》序末云："岁在玄黓执徐，律中夷则，题于禹杭道上。"此为太岁之纪年法，其对应天干地支如表2所示：

表2　太岁之纪年法，对应天干地支

岁阳	阏逢	旃蒙	柔兆	强圉	著雍	屠维	上章	重光	玄黓	昭阳		
对应天干	甲	乙	丙	丁	戊	己	庚	辛	壬	癸		
岁阴	困敦	赤奋若	摄提格	单阏	执徐	大荒落	敦牂	协洽	涒滩	作噩	阉茂	大渊献
对应地支	子	丑	寅	卯	辰	巳	午	未	申	酉	戌	亥

"玄黓"，为壬；"执徐"，为辰，则此年为壬辰年。

---

[1]《全清词钞》作"紫苑"。

依"月令"所载，每月与律中对应关系如表3所示：

表3　每月与律中对应关系

孟春	仲春	季春	孟夏	仲夏	季夏	孟秋	仲秋	季秋	孟冬	仲冬	季冬
太簇	夹钟	姑洗	中吕	蕤宾	林钟	夷则	南吕	无射	应钟	黄钟	大吕
寅	卯	辰	巳	午	未	申	酉	戌	亥	子	丑
正月	二月	三月	四月	五月	六月	七月	八月	九月	十月	十一	十二

"律中夷则"，对应为七月。足证《支机集》汇辑于顺治九年七月。

蒋平阶以此古法纪年，隐怀不忘前朝之意。

今所见蒋诗较所作之词则数量甚少，蒋诗今散见各书，如《江苏诗徵》《箧衍集》《晚晴簃诗汇》《清诗别裁集》《明诗综》《静志居诗话》《国朝松江诗钞》《明诗纪事辛签》《明诗纪事明遗民卷》《檇李诗系》等。其中较重要的如《箧衍集》，辑录11首，兹列如下：

《禹陵》《余姚县城十四韵》《练湖黄鹤图赠太原李鹤舫》《崇川顾圭峰出其先公大司马所遗赠香作供赋赠》《咏毕载积使君收藏陆放翁砚》《范季友邀饮吼山陶氏园》《送李分虎之滇黔》《越中咏古》《送罗梦章比部省亲还蜀》《哭朱彦兼》（二首）

另外，《清诗别裁集》辑录3首（《送罗梦章比部省亲还蜀》《禹陵》《送李分虎之滇黔》），《明诗综》辑录1首（《范季友邀饮吼山陶园》），《静志居诗话》辑录1首（《范季友邀饮吼山陶园》），《明诗纪事辛签》辑录1首（《黄观只述就狱始末为志悲感》），《明诗纪事明遗民卷》辑录3首（《禹陵》、《余姚县城十四韵》、《范季友邀饮吼山陶园》），《檇李诗系》辑录3首（《重访法隐开士遂宿上方》、《访彦文于魏里》、《范季友邀饮吼山陶氏园》）[1]，《晚晴簃诗汇》辑录2首（《禹陵》、《送李分虎之滇黔》）。

从上述辑录情况来看，影响较大的有：

《范季友邀饮吼山陶园》（5见）

《禹陵》（4见）

《送李分虎之滇黔》（3见）

《余姚县城十四韵》（2见）

《送罗梦章比部省亲还蜀》（2见）。

另外，散落于诸书的还有：徐崧《百城烟水》录蒋平阶诗一首（"一辞蒋径到吴宫，赁应谁人似伯通；几向泰娘浮太白，五噫歌罢忆梁鸿"）。[2]

陆次云《皇清诗选》录蒋平阶诗一首（《登会稽山绝顶春草塞路不达而返》）。[3]

崔华、张万寿《康熙扬州府志》录蒋平阶诗二首（《扬州》、《姚心绳兄弟招游平山堂同陈其年邵得鲁杜苍略》）。[4]

袁国梓《康熙嘉兴府志》录蒋平阶诗一首（《过筥帚庵访诵帚上人》）。[5]

---

[1]　"范季友邀饮"一诗，《檇李诗系》作"吼山陶氏园"，他本作"吼山陶园"。
[2]　[清]徐崧：《百城烟水》卷之二，康熙二十九年刻本。
[3]　[清]陆次云：《皇清诗选》卷之十八，康熙刻本。
[4]　[清]崔华、张万寿：《康熙扬州府志》卷之三十三，康熙刻本。
[5]　[清]袁国梓：《康熙嘉兴府志》卷之十八，康熙二十一年刻本。

除此之外，据师陀先生考证，蒋平阶尚遗有诗稿一卷，为蒋平阶诗歌创作研究留下极为重要的资料。[1]笔者多方寻找，未见师陀先生收藏之诗稿。师陀先生曾猜测诗稿在未及整理出版前可能便遭劫难，[2]故而师陀先生整理的《蒋平阶诗稿目次》弥足珍贵，兹转列如下[3]：

《于沈庆仲斋中度岁二绝》

《酬族叔祖素公》

《黄生琮王生锡初从周生九臣寓书相问诗以谢之》

《赠陈竹如》

《酬于平仲》

《暂与庆仲别凄然有作》（附庆仲见示之作）

《赠朱朗含》

《与日斯言怀》

---

[1] 关于蒋平阶的诗作，施蛰存先生认为："吾友师陀曾得到一个钞本诗集，录诗八十余首，而无作者姓名。师陀考定为蒋平阶入清以后所作。如果加上各选本所收，大约还可以有一百数十首幸免于散亡。"（《蒋平阶及其〈支机集〉》，《词学第二辑》），华东师范大学出版社1983年版，第224页）

[2] 师陀先生1981年4月13日给施蛰存先生信中提及："蒋平阶诗稿原抄本亦被作协拿去，至今未见退还，估计已被私人抢去，或逢销毁。本喜《蒋平阶诗稿录》于'大革文化的命'正式开始前投稿出版社，算是保存下来，非弟有先见，实出于当时急需阿堵物，然而亦只有一本。其散失，'四人帮'倒后，向出版社讨还原稿，以珠笔又过录一本，然止限原诗稿。"（宫立：《师陀佚简八通释读》，《汉语言文学研究》2017年第4期，第119页）刘增杰先生在2012年5月所作《师陀全集续编》序中说："《蒋平阶诗稿系传》是师陀晚年致力于古典文学研究的一项重要成果。在《蒋平阶诗稿考》一文中，师陀详细考证了蒋平阶的著述……《蒋平阶诗稿系传》，当会在全书校注工作完成后再择机出版。"（《〈师陀全集续编〉序言》）笔者曾托人联系刘增杰先生，惜乎未能如愿，至今未见蒋平阶诗稿真容。

[3] 刘增杰、解志熙：《蒋平阶研究·蒋平阶诗稿目次》，《师陀全集续编补佚篇》，河南大学出版社2013年版，第485—488页。

《寄殷雨苍》[1]

《文芑远至述旧五百字》

《戏为翥弟催妆》

《过宗弟右良观其射雕小像》

《赠秦无衣》

《寄怀姚江诸耿衣》

《遥和贡洪武钱戏步原韵》

《秋夜同右良泛舟当湖》

《秋郊诸友毕至》

《补和鲵渊先生海天闻雁》（四首）

《寄怀宋子犹》（三首）

《寄赠朱元序》（二首）

《寄曹云霖》

《酬于平仲九日见怀之作》

《冬日访马子莲叔皮兄弟》

《陆嗣畅久凄梵刹诗以问之》

《古意赠郭三》

《留别马日斯》

《寄周铉升》

《寄苏寅侯》

---

[1] 师陀先生后引作《寄殷雨苍（其二）》，故此《寄殷雨苍》疑至少应有两首。

《寄陈秉生》

《寄朱尚书闻玄》

《寄呈》

《酬沈东生》[1]

《寄昭弟》

《喜门人周积贤至》

《赠沈退伯》

《至后同沈生幽祈游澂墅诸山遇大雪》

《赠顾道人无碍》

《问于畏之病》

《调人》

《戏人》

《赠蔡生》

《拟古怨诗》

《送周生寿王暂归故里》

《游端简郑尚书园亭赠其孙休仲兼示朱子若》

《子夜》

《予拟结庐邵山遇钱子商隐先成小筑喜而赋之》

《听何晋明弹琴歌》

《郑六佩修徙居故宅招饮》

《庆仲偶客钱唐有怀而作》

---

[1] 师陀先生后云"抄本第四十至第四十四为《酬沈东生》五首",故疑此题之下应有五首。

《王逊之卜隐西皋诗以寄之》

《宿周宿来时使闽还里》

《赠祝仲》

《宫词》

《经伯牙台故址》

《赠陆丽京》

《与计甫草道故》

《朱氏山楼群贤毕至喜其多长往之士纪之以诗示子葆右吉》

《又赠右吉子葆》

《饮薛礎玉斋赋赠》

《赠吴骏公先生》

《黄观只述就狱始末为志悲感》

《呈方慕庵先生》

《题吴巨手卍斋》

《赠朱子若》

《赠朱翁天虞父子》

《寄姚药师僧靖》

《酬谭赡尹》

《朱近修招饮南湖不及赴比见顾予又解舟东行怅然而别》

《归故里》[1]

---

[1] 师陀先生此处注明"《归故里》题未录全"。

《中秋日永安湖楼中集谯》

《潜经旧郊故人咸集徘徊旬日不忍为去为赋长律编示诸子》

《经沈景倩先生故宅示庆仲》

《赠吴六益》

《送于生功弼之金陵》

《贺钱厚庵举子》

《故里忽遇雪峰上人　即沈东生》

《题朱生小像》

《赠胡鲜子》

《赠归德侯朝宗》

《登秦驻观始皇庙同朱□伯》[1]

《见林武宣子威文喜之以赠》

《示嚞弟》[2]

《赠越中张董诸兄兼怀馀子》

此目录中现今可见全诗的惟有《明诗纪事》所录《黄观只述就狱始末为志悲感》一首。此目录中，多有蒋平阶熟知亲友师徒故旧之名，如沈庆仲、张肯堂、周积贤、沈幽祈、周宿来、计东、黄观只、蒋雯嚞等人，足见师陀先生考证抄本为蒋平阶所作不谬。

师陀先生言此抄本共计蒋诗102首，附沈庆仲赠诗两首，共收104首。此诗稿被红、蓝、黑三次批校，批校的人也只是以意

---

[1]　师陀先生原注："蚀脱一字，字形似善或喜。"
[2]　笔者案：此处"嚞弟"疑为"嚞弟"，即蒋雯嚞，蒋平阶从弟。

为之，并无原稿及其他本子可据。诗稿"本来无集名，无作者姓字，甚至无收藏印章，首尾皆无，就是光秃秃的那么一册。我们仅从这些诗中知道：写诗的人是一位反清兵入侵的爱国志士，他很活跃地奔走于今江苏南部和浙西一带；他所联系的几乎全是复社中人；他和鲁监国诸臣僚有着密切关系，其中《寄呈》一首，我认为就是写给安昌王朱恭枵。又有《过宗弟右良观其射雕小像》一首，说明他姓蒋，家在淀山湖南岸附近。最后是一条'乾隆五十年正月十八日海监吴修过目'的题记，如此而已"[1]。又云："这个抄本并不是有计划编集的，从它的无集名，按年排序而又次序紊乱，缺字衍字不一而足，以致往往不可句读，可以推知它的祖本是作者的原稿，即时加改动的一堆诗笺。第九十八首是《赠归德侯朝宗》[2]，我们知道侯朝宗两次到嘉兴都是在壬辰（明永历六年、清顺治九年，一六五二年），再证之最后一首诗末句'六千君子无消息'，可以推知最后一首诗写成的时间是在壬辰与癸巳（明永历七年、清顺治十年，一六五三年）四月之间，这也就是抄本过录的时间。因为张名振与张煌言于癸巳四月、甲午（明永历八年、清顺治十一年，一六五四年）正月曾两入长江，次年复取瀹州，都不能说是'无消息'。"[3] 而此诗集之所以能保留下来，是

---

[1] 师陀：《蒋平阶诗稿杂谈》，《师陀全集第五卷》，河南大学出版社 2004 年版，第 473 页。

[2] 据师陀先生所录诗稿目次，此诗为第八十首。今见师陀先生所录诗稿目次应与原抄本略有差异。

[3] 师陀：《蒋平阶诗稿杂谈》，《师陀全集第五卷》，河南大学出版社 2004 年版，第 485 页。

因为经由朋友过录："作者本人始终没有看见它的机会，当然也不看去题上什么集名"，"还有一个更大的可能，即过录的人就是沈庆仲"[1]。

师陀先生在文稿中引用此抄本相关诗句，他本大多未见，为研究蒋平阶诗歌留下了珍贵资料。

抄本第十二首为《文芑远至述旧五百字》，[2] 盖为抄本中最重要的一首，充分展示了蒋平阶在这一阶段的生活和思想。师陀先生云其"系统的说明了作者参加爱国活动的经过、生涯与悲惨遭遇，也是一切爱国志士的遭遇"。师陀先生引诗如下：

别离生死殊，四载为千秋。相见梦寐里，转复增悲秋。

自昔胡马飞，陵寝成荒丘。豺狼狐兔群，化为王与侯。

衣冠尽纳欵，含笑拜旃裘。我党四五人，乃思报国仇。

相聚圄阛间，洒泣吐狂谋。思以鲁缟材，奋手清神州。

昔岁向瓯越，隙迳险于发。去日叩春水，归来逐旱魃。

海星大如炬，照见蛟龙阙。夜驰晦冥中，壮歌璎欲绝。

辞桴更遵陆，千里度莽樾。无舆亦无马，牵臂凌巀嶭。

前行若猿引，后随似狼跋。蒛藜刺我胫，趾骨痛我脫。

一心赴国忧，宁复辨死活。九旂当路开，拜手陈晶哉。

_____

[1] 师陀：《蒋平阶的生平》，《师陀全集第五卷》，河南大学出版社 2004 年版，第 504—505 页。
[2] 所引抄本目次皆按师陀先生原引次序。下同。

虚宠非不渥，危言讵无猜。娓娓数上章，褒歔实未裁。
君哲臣不良，卖国以自媒。先几受符竹，天倾在尘埃。
越境不及难，且日縣中怀。中怀竟如何？观衅收旧都。
我初尚沉冥，子乃先祸罗。虏骑飚然集，环子之室衢。
银铛梏汝急，白刃向汝磨。命尽呼吸间，黄金贱如炉。
兄弟愁累囚，妻子亦为俘。慷慨未贬节，隐忍全微躯。
全躯尚未得，圜扉生绿草。忆予来视子，赭衣风缭绕。
牵袖两依依，忧心惄如捣。自此更万端，今日得寻讨。
子疲不可论，我痛不可伸。子儿作新鬼，我妇成冤魂。
子谁伤骨肉，我祸连宗亲。子今绝无家，我今仅有身。
子如樊中雀，毛羽空纷纷。我如风中蓬，飘飘到河津。
感子念旧义，顾我来此地。雨过始一逢，父子相继至。
囊粟佐我餐，粒粒皆有味。足布绽我裳，丝丝有密意。
良言为我箴，字字堪百思。熟视作惊疑，相对抑何易。
同心数十人，存亡那忍计。寥寥此两夫，或亦是鬼魅。
后事安可量，盍各勉尔志。但如此会何，无言仅垂泪。

从诗中，可以看出甲申之变后，蒋平阶诸多师友蒙难，自己也家庭破碎，在尘世间漂浮浪荡。此诗就艺术水准而言，并非上乘之作，与毛奇龄所称"能诗焉"似有距离。然可想见蒋平阶时身处国破家亡之际，心怀激愤，有感而发，自然顾不得太多的词语雕琢，主要"以诗言志"而已。

抄本最后一首为《赠越中张董诸兄兼怀馀子》，师陀先生引为：

禹王昔日藏书室，南国诸侯走奎璧。

万仞争看宛委山，湖光如镜秋风碧。

吾行曾向百粤天，西陵渡口孤舟眠。

是时思王十四载，江湖浩荡多才贤。

颍川突兀何为尔，郡阁沈沈弄文史。

祭酒门前柳自垂，御史府中乌不起。（指倪祁二公）

山阴学士开讲堂，韦张贾马羞颉颃。

及门不忝称游夏，致君何必非虞唐。

倪公扼腕大府筹，刘公谠论不见收。

汉家山河竟如许，公等一死归荒丘。

帝子临江开帐殿，将军卷土拜通侯。

夷歌满眼边声急，越溪女儿争泪流。

时予方作平陵客，义公死后遭追迫。

尝依诸大（如锦及来聘）历山阳，曾吊王生（毓蓍）兰渚□。[1]

几年湖海又逢君，吴山越水情何极。

为语山阴刘长公（念台先生嗣君伯绳），六千君子无消息。

师陀先生引抄本第十首《与日斯言怀》为：

---

[1] 师陀先生原注："此处蛀落一字"。

相逢柳市结交新，碧水苍葭共隐沦。

君忆少游终自健，我呼羊仲未全贫。

千金空缯椎埋土，一剑孤存患难身。

落魄监门原不贱，岂应吾辈老风尘。[1]

师陀先生引抄本第十一首《寄殷雨苍》（其二）为：

赤海樯乌万里回，惊涛夜夜役风雷。

而今剩有真珠泪，锁却蛟宫不可开。

抄本第十六首《赠秦无衣》，师陀先生所引诗文如下：

秦家少年侠者流，腰间锦带悬吴钩。

朝逐邯郸暮渭北，许人一身报大仇。

忆昔从予事瓯越，千里风沙歌汉月。

入海常呵蛟与龙，入山哪避蛇与蝎。

磨牙砺齿将何为？惟思饮尽胡儿血。

万户侯封未可期，三年客路叹无衣。

---

[1] 师陀先生据抄本第三十八首《留别马日斯》，考订马日斯家住海盐秦柱山附近。又云，"柳市"之名见《汉书·游侠列传》："万章字子夏，长安人也。长安炽盛，街闾各有豪侠。章在城西柳市，号曰城西万子夏。"若然，则日斯当属任侠之流。蒋平阶云"落魄监门"，自比张耳、陈余，准备日后有所作为。

寄言陌上罗敷女，不斩楼兰誓不归。

抄本第十七首《寄怀姚江诸耿衣》，师陀先生引诗似不全，兹转录如下：

不忆十年余，声誉在我曹。海内朋友皆胶漆，意气再压扶风豪。

一旦文章贱如土，燕雀啁啾笑凤毛。作诗颇忆朱公叔，著论恒思刘孝标。

我友千秋期，雅志迈畴昔。交态变风云，精心贯金石。

我行已作乞食奴，哑声癞体形容殊；犹能识我于路隅，处以辛夷之闲馆；

蔽以杜衡之修枢，酌以百药之晨露；饲以九畹之秋荪，援琴并鼓清商音；

白日为之久踟蹰，二载辞君异乡县；汝湖之阴秋已晏，世事惟看东逝波；

乡书只托南征雁。人生少壮能几何，可惜干戈老我徒。

引抄本第二十首《冬日访马子莲叔皮兄弟》为：

乐耕既有耦，送胜亦有群；言游苍莽游，摇荡大海云。

海滨二子扶风豪，楣生薜荔墙生蒿；厨中有酒真葡萄，呼我剧醉歌董逃。

阿兄意气多，兴酣欲捉乌孙刀；阿弟更英豪，静啸夜落山猿号。

坐深不辨星斗黑，天下狂徒属我曹。忆昔游侠场，纵横事柔翰。

与君兄弟皆少年，横眉顾盼□百万。只言恶女妒蛾眉，岂料胡儿更轻汉。

中原六载明月愁，浊河清济各自流。君家阿翁最奇特，呼朋手截胡儿头。

书生自是万夫敌，堪笑纷纷王与侯。今秋访我东邻道，夜色相看各草草。

对君兄弟如对翁，可惜行藏各潦倒。君家有酒共君醉，只有红颜难自保。

抄本第四十至第四十四为《酬沈东生》五首。[1]师陀先生引其二：

孤雁投北林，晨风向南翔。同为失路人，乃复限河梁。

我行至吴会，吴会非故乡。鸱枭鸣我前，豺虎盈道旁。

---

[1] 张煌言：《奇零草·步韵答沈东生》："木落江皋闻阊阖风，翩然尺鲤下娄东。已知种菊惟陶令，谁复围棋似谢公。三泖霜深丹叶老，双锋星散紫霓同。书邮却问逃虚客，诗律何如在刺中。"据《台湾文献丛刊（142）·张苍水诗文集》诗下有"人物考略"云："沈东生，据本诗有'娄东'及'三泖'云云，当是吴人。"

沉吟生死间，巧拙诚未遑。秋兰被修坂，游子不得芳。
时怀心所欢，怨彼冬夜长。我行良苦辛，尔居亦慨慷。

抄本第六十七首《宿周宿来时使闽还里》：

孤鹏一逐塞尘飞，故国交情万里违。
自喜江湖无姓氏，共看旄节有光辉。
梦回南浦浮云断，秋老吴关木叶稀。
知尔西行赋思旧，笛声吹罢更沾衣。

抄本第六十九首《宫词》：

汉宫纨扇妾，今复卖娥眉。
笑问诸年少，容颜能几许？

抄本《中秋日永安湖楼中集谶》：[1]

永安湖外海天秋，野客相携览胜游。
烽火未销秦战伐，衣冠不改晋风流。
高楼漫引思归调，明月尝悬故国愁。

---

[1] 按师陀先生所引目次，为第八十六首。

随地青山堪避世，乘槎何必问瀛洲。

其余诸诗，师陀先生引句不全，或一句，或两句，或多句，今将所见转录于下，以供读者参考。

引《朱氏山楼群贤毕至喜其多长往之士纪之以诗示子葆右吉》两句[1]，为：

此去五湖殊不远，更期何日弄潺湲。

引《饮薛礎玉斋赋赠》两句，为：

君家在瓯越，君欲问干将。

引《潜经旧郊故人咸集徘徊旬日不忍为去为赋长律编示诸子》十句，为：

旧德情何洽，新知喜更狂。风尘虽惨淡，神态正飞扬。为文空诅楚，作赋半投湘，世态堪缯缴，生涯岂稻粱？年华俱未老，湖海各难量。

引《酬族叔祖素公》两句，为：

---

[1] 未引全之诗句，皆按师陀先生所引之顺序，非此诗固有顺序。下同。

即今门户凭谁在，土室沉沉正未赊。

引《酬沈东生（其四）》六句，为：

美尔双明珠，焰耀大海滨；顾念高堂人，怃然忧豫并；安得
循陔兰，慰子万里心。

引《赠朱朗含》两句，为：

追随已在骑羊队，可有芝田许共耕？

引《过宗弟右良观其射雕小像》七句，为：

当时里社少周旋，此日风尘共落魄，孤舟野到天气黑。我家
相望淀湖阴，不曾玄派自亲属此，长沙殊未远，地分南阮。[1]

引《赠蔡生》四句，为：

扁舟日日此经过，美尔高吟对薜萝。四海尽开秦郡县，诸生

---

[1] 此处照师陀先生所录本。师陀先生原注云"它（抄本）有许多非常奇怪的错误……简
直不可句读。更多的是脱字、脱漏处或空格"。

犹抱鲁弦歌。

引《朱近修招饮南湖不及赴比见顾予又解舟东行怅然而别》四句，为：

十千沽酒谁同醉，五月披裘尔共知；风起高城闻霹雳，云深海国隐旌旗。

引《寄曹云霖》一句，为：

角起身宫月涌。

引《送周生寿王暂归故里》两句：

数载胡尘尽破家，共逐飘蓬在中野。

据以上诗句，盖知蒋平阶此时所写多为伤怀悲歌，反映了当时反清救亡的艰辛、身世飘零的沧桑。这些诗歌记录了蒋平阶当时的心境和许多事件，为后人留下了珍贵的研究资料。

二、诗词艺术

关于蒋平阶的诗词艺术，施蛰存、师陀、林玫仪等先生皆有分析。蒋平阶词作的创作思想和艺术风格，基本可以从沈亿年所写的《支机集·凡例》中看出。凡例计8条，其中较为重要的有：

一、词虽小道，亦风人余事。吾党持论，颇极谨严。五季犹有唐风，入宋便开元曲。故专意小令，冀复古音，屏去宋调，庶防流失。

二、词调本于乐府，后来作者各竞篇名，则知调非一成，随时中律。吾党自制一二，用广新声。

三、唐词多述本义，故有调无题，以题缀调，深乖古则。吾党每多寄托之篇，间有投赠之作，而义存复古，故不更标题。

四、温丽者，古人之蕴藉；疏放者，后习之轻佻。诗道且然，词为尤甚。我既三正，征引其端，敢申其旨，以明宗尚。

五、我师留思名理，不尚浮华，词曲细娱，尤所简略。[1]

---

[1] 赵尊岳：《明词汇刊》(上)，上海古籍出版社2012年版，第556页。其中所脱字及异文，据林玫仪先生所依上图完帙本改定。

大部分学者认为，蒋平阶师徒之词，虽崇复古、法《花间》，亦有创新之处。

蒋平阶自己曾说过"词章之学，六朝最盛"，毛奇龄也认为"华亭大鸿者，其法宗《花间》"。赵尊岳评价《支机集》："皆小令，无长调，温厚馨逸，直逼《花间》，朱明一代，允推独步。"[1] 故而一般认为其词直接唐人，专意小令。今人较有代表忙的观点，试举如下：

林玫仪先生认为蒋氏师徒一是重寄托："管见以为，风人之旨确然是诸人作词及论词之最高标的，上述各种论词观点，皆由此义衍发而来。盖词之隐寓寄托，主要作用即是《毛诗·大序》所谓之'主文而谲谏，言之者无罪，闻之者足以戒'，其亡国之痛，身世之感，一切不足为外人道之情怀，藉诸讽喻以出之，言在此而意在彼"；二是专意小令："批评明季以来萎靡之词风，认为明词受元曲影响，致鄙俗轻佻，为求正本清源，故主张学词者首应师法唐词，五代犹有唐风，亦属可学，宋词则是元曲先声，必不可学。……以蒋平阶等亡国遗民之身份，若主张专用小令是为了便于寄托，未免过于敏感。由于时人对明末词风之败坏早有共识，是故使用时人皆能了解之说法，……《凡例》第四条主张词应温丽蕴藉，忌疏放轻佻，表面谈风格，内里实仍在强调寄托，可谓

---

[1] 赵尊岳：《明词汇刊》(上)，上海古籍出版社 2012 年版，第 580 页。

同一枢机。……寄托与蕴藉，二者互为表里甚明"；三是不标词题：
"盖因标注题目与否，实关乎蒋、周诸子作词之宗旨。上文反复申
论寓寄托乃其词论之中心，此条要旨全在'吾党每多寄托之篇'
一句。同样是不标题，唐词是因其多述本义，故无须标，而吾党
则多是寄托之篇，故不可标。……'义存复古'是实，仅属表面
之理由，'每多寄托'是主，方式真正之原因。而诸子之词所以
多寓寄托，自然与其遗民身份有关，盖中心实有不足言宣之悲慨
在，其理甚明"；四是重创调："诸人认为词本是配乐而歌者，合
于音律即可，不必拘泥字面之形式。基于此一观念，诸人除了创
作新调，并改易既有词调之调式"，"综上所述，可知清初诸家征
引'五季犹有唐风'、'唐词多述本义'等论词观点出自蒋氏师徒，
且可看出诸人之词学理论其实自成体系"[1]。

　　蒋氏师徒明确以"花间"口号而复古，不过这种复古并非简
单的"回归"，有着蒋氏师徒内在的思想脉络。故而对于蒋氏师
徒的"复古"，有学者认为这种复古的意义是传承师道、坚守师
说、弘法正统，"它的复古便不只是一种理论意义上的'复古'，
也不是一种文学意义上的'复古'，而是一种文化意义上的'复
古'，是对先师的尊崇和对亡明的眷怀"，"云间词派的香草美人
词，就具有了包括政治因素在内的其他暗示性含义"。该学者从
两方面进行了分析：一是托情于闺阁，抒情主体女性化。蒋氏

---

[1]　林玫仪《〈支机集〉完帙之发现及其相关问题》：《第四部分·此书对云间派词论研究
　　　之助益》，《词学》第十五辑。

之词恰如韦庄，抒写女性的内心，直白、简洁，"蒋词分两个阶段，前期颇多直截简明之作，这是花间词为适应歌妓演唱的传统的体现"，不过"比照韦词'含而不露'的表达，蒋平阶词更为显露清俊"，"蒋平阶的词学主张，正是沿着李之仪的尚古倾向发展而来的。不过，蒋平阶是将词乐体系明确定格在唐代的，区别于'宋调''元曲'"。二是寄意"风""骚"，"也即申'风骚之旨'、得'言情之正'、存'寄托之篇'"。表面上蒋氏师徒论词重声色之娱，其词学真实思想却是借艳词抒发亡国之思。在其创作中，有时故意借用罕见之格律，以抒其志。如蒋氏所作《临江仙》，"诸种迹象表明，蒋词在巧妙而故意地袭用李煜词意。蒋平阶是唐律专家，独选此格而不用常调，故国之恨不言自明"[1]。蒋氏《临江仙》云："禁苑花残春殿闭，玉阶芳草萋萋。露华空洒侍臣衣。景阳钟断，愁绝梦回时。"缅怀故国、悼思亡君之意昭然若是。

　　另有学者从外在形态、题材特点进行了分析，一是从外在形态来说，蒋平阶师徒等人在复古方面比陈子龙等人的复古更为严格，"明确提出复古到《花间》，要求词的创作在内容、风格上效法《花间》。在体制上，坚持小令的创作，……在词题上要求词调与词题同步，反对'以题缀调'，要求'义存复古''不更标题'"。二是从题材特点来说，"其一，闺怨相思，……其二，羁

旅乡愁"[1]。

另外，陈子龙、蒋平阶等人以比兴论词，在晚明动荡之际给词注入了深沉的政治内涵。"在明清鼎革风雨如晦的时代，倚声突破了花鸟赠答之小道，而有了生存忧患、心灵悲欢的时代精神。……总之，蒋平阶师弟子《支机集》以唐词为圭臬，'翼复古音，屏去宋调'，取径与云间三子（陈子龙、李雯、宋徵舆）的《幽兰草》有所不同。同是复古，但蒋平阶的复古，是沿波而讨源，一直上溯到源头——唐词，而云间词派的着力点则是北宋词。《支机集》纯为小令，局度不大，力量未充，这是它的缺点，但那种天籁之音，纯粹之美，确实是《幽兰草》之外的别一洞天。"[2]

总体而言，蒋氏师徒的词作上接唐词、法宗花间，实有深意。之所以重小令、意古雅，乃以赋小曲言国难之痛，借古雅怀前朝之情。就此看来，蒋平阶师徒在创作上即便格局略小、路径促狭，也必须认识到这种艺术道路选择是他们认真思考后的结果，是有意识的、自觉的行动。他们的创作思想和艺术特色与他们的人生经历、时代背景紧密相关，其艺术创作紧紧围绕国破家亡山河易主、经世巨变身世飘零这一感情主线，写情、写物、写景。在《支机集》的序中，蒋平阶写道："托情闺阁，尽后庭玉树之悲；寄傲蓬壶，即九鼎龙髯之慕。"正表达了他艺术创作思想。

---

［1］ 王雨容：《〈支机集〉唱和考论》，《怀化学院学报》2011年7月，第80页。
［2］ 刘勇刚：《纯粹之美，天籁之音——论蒋平阶等〈支机集〉》，《南阳师范学院学报》（社会科学版）2010年4月，第42页。

至于蒋平阶的诗歌艺术，尚未有专论。《檇李诗系》在选录其诗前注云："其诗摹仿盛唐，曾寓书于予，云：'时趋俚俗，正响寂寂，仆与同郡计子山、阳羡陈其年、萧山毛大可、钱塘丁乐园辈，独持雅宗'。"[1]《静志居诗话》则称其诗"力还正始，未免为格律所拘"[2]。毛奇龄在《蒋曾策诗集序》中也说："昔之为诗者，尝有为正变之说者矣。正居其一，而变居其九。盖纪治之音少，忧离之什长也。……崇祯之末，言帖括者诗不工，然亦无正言诗者。……向者杜陵称予诗谓情文流靡，有似离骚，而吾亦谓杜陵父子，其寄物肆志，大者得之正，则次亦不失王褒刘向之徒。"可见其诗歌创作与词作大抵一样，强调唐诗风骨、古雅之音。

兹以蒋平阶《禹陵》一诗为例：

撬辇逢尧祀，垂裳拜舜年。剖圭开日月，瘗玉镇山川。
南幸游方豫，东巡驾不还。衣冠辞岳牧，剑舃步神仙。
寝庙春常闭，宫车夜自悬。千秋明德远，万众寸心虔。
海阔沧江外，星临斗柄前。金茎留晓露，碧殿锁青烟。
魍魉犹留鼎，蛟龙想负船。秦碑荒草合，汉畤白云连。
苍水书难得，玄狐篆可传。按图通百粤，泪尽九疑天。

沈德潜在《清诗别裁集》中评价道："铺叙有伦，不蔓不竭，

［1］［清］沈季友：《檇李诗系》卷二十八，文渊阁四库全书本，第1475册。
［2］［清］朱彝尊：《静志居诗话》卷二十二，扶荔山房刻本。

此长律体也。陈、杜、沈、宋素称擅长元白，滔滔百韵，才有余而律不严矣。作者对仗自然，浅深合度，犹可望见初唐。"[1] 从这里亦可见诸家评蒋氏之诗，皆认同其法宗唐风。

蒋平阶诗词之复古、宗唐、法《花间》，其背后自然有着很重要原因。借用冯天瑜先生谈论明代文学复古运动的话来说，即是："明末复社、几社的文学复古论，除了出自文学流派的继承以及扫荡公安、竟陵末流'为俚俗，为纤巧，为莽荡'弊风的需要外，在相当程度上是针对满洲灭明的巨大危机而发，含有以复兴古学，振拔民族精神，挽救明朝危机的意蕴。……无论是从文学史发展的大势来看，还是从不同时期政治现实与文学形势而论，明代文学复古主义的发生与发展，自有其必然性与一定的合理性。"[2] 将此用以评价蒋平阶之诗词创作风格及创作思想，亦无不妥。

---

[1] ［清］沈德潜：《清诗别裁集（上）》卷七，中华书局 1975 年版，第 118 页。
[2] 冯天瑜：《明清文化史散论》，华中工学院出版社 1984 年版，第 92 页。

第四章
地理之学与《地理辨正》

蒋平阶在地学领域之盛名，远超其诗词之名，后世推崇者尊之为"地仙""地学宗匠"，官方正史亦多有记录其相地之事，如《嘉庆山阴县志》即载有蒋平阶"辨会稽即今秦望"。蒋平阶在地学上的成就，大抵为明末清初第一人。其地学成就之路，最初是"先大父安溪公早以形象之书孜孜手授"，然后"得无极子之传"，再后来"取当世相传之书，订其纰缪，而析其是非"，最终集合诸家特点，形成了自己的一套理论。后世常谓"自蒋大鸿出，元明清地学之乱方才出现一丝正见"，可见其声誉之高、地位之尊。《松江府志》《全清词钞》皆云"今言三元法者，皆宗平阶"，故其所持之法为近世称为"三元风水"；又有谓"自华亭蒋氏辨正书出，言理气者始有所统宗"，[1] 故后世又将其法归于"理气派"。蒋平阶地理之学，影响极大，康乾之后自称其门生者甚多；江南一带，多有以平阶传人自居又得乡里敬重者，较为知名的如川沙人汪森增等[2]，但直接得到平阶明确认可的，惟有会稽姜垚、武陵胡泰征、丹阳张仲馨、[3] 丹徒骆士鹏、山阴吕相烈、淄川毕世持诸人。然而蒋平阶地学思想及其著作，因近世术士争执，其间真伪正谬、精微粗劣，已纷纭不可辨。

---

[1]《地理辨正翼六卷·序》。

[2] 民国二十四年《川沙县志》卷十六《人物》载："汪森增，字柏甫，原籍徽州，迁高行，至森增已三代，入上庠。性忼爽，急公好义。洪杨之役，办团练，卫乡里，地方公益，无役不从。……又精堪舆，得蒋大鸿真传，门下极盛。及卒，门弟子私谥曰'清刚'。"。

[3] 民国丁卯版《丹阳县志补遗》卷之十三《方技》，录有张仲馨小传，云："张仲馨，精相地，云间蒋大鸿著《地理辨正》，世所称'蒋盘'者也，其自序曰'丹阳张孝廉仲馨，昔以文行相师，因得略闻梗概'，其推重如此。"

一、地学著作述要

蒋平阶地学著述，近世以来较多提及的是《地理辨正》《阳宅得一录》《地理古镜歌》《天元五歌》《水龙经》等书。今据所见，略列以蒋平阶名撰述辑录之作如下：

清尹有本辑《四祕全书十二种》，收《地理辨正补义》五卷（题清蒋平阶补传、明姜垚辨正、清尹有本补义），《玉函真义天元歌》一卷（题无极子授、清蒋平阶述），《玉函真义古镜歌》三卷（题清蒋平阶撰、清尹有本发义），《阳宅指南》一卷（题清蒋平阶撰、尹有本发义），《传家阳宅得一录》一卷，《阳宅三格辨》一卷（题清蒋平阶撰）。

清尹有本辑《地理大全十二种》，收《阳宅三格辨》（题明蒋平阶撰），《玉函真义天元歌》（题明蒋平阶述、清尹有本发义），《地理辨正补义》（题明蒋平阶补传、明姜垚辨正、清尹有本补义），《阳宅指南》（题明蒋平阶撰、清尹有本发义），《玉函真义古镜歌》（题明蒋平阶撰、清尹有本发义）。

清缪亮编《地理一贯集二十七种》，收《青囊序》一卷（题唐曾求己撰、清蒋平阶补传),《天玉经内传》三卷（题唐杨筠松撰、清蒋平阶补传),《都天宝照经》三卷（题唐杨筠松撰、清蒋平阶补传),《归厚录择要》一卷（题清蒋平阶撰、清缪亮辑),《天元歌》一卷（题清蒋平阶撰、清缪亮辑),《阳宅得一录三元秘旨叙》一卷（题清蒋平阶撰),《水龙经》五卷（题清蒋平阶撰、清缪亮辑）。

吴省兰辑《艺海珠尘》，收《地理古镜歌》一卷（题清蒋平阶撰）。

除上述外，尚有：

题清蒋平阶撰《归厚录》一卷《天元歌》一卷《天元余义》一卷。

题清蒋平阶撰、张重明注《阳宅补遗》一卷。

题云阳无极真人口诀、清蒋平阶述《醒心篇》一卷《八极神枢》一卷。

题清蒋平阶撰、清梁成诰辑《阳宅指南》一卷《分房变气论宅法》一卷。

题晋郭璞撰、清蒋平阶辑《秘传水龙经》五卷。

题唐杨筠松撰、清蒋平阶补传《都天宝照经》不分卷。

题清蒋平阶撰《玉函真义》一卷。

题清蒋平阶撰、明姜垚辩正《地理辨正》五卷。

题清蒋平阶补传、清章仲山直解《批注地理辨正直解》五卷。

题清蒋平阶辑《地理辨正翼》六卷。

题清蒋平阶、清甘受益撰《地理辨正参解六卷附录》一卷。

题清蒋平阶撰《传家得一录》不分卷。

题清蒋平阶撰《天元歌》一卷《天元古镜歌》三卷。

题清蒋平阶（大鸿）撰、清凌堃辑《地理指迷》十卷。

题清蒋平阶（大鸿）撰《天元余义》二卷。

题清蒋平阶（大鸿）撰《天元五歌阐义》五卷。

题清蒋平阶（大鸿）撰、清高云龙辑《天元乌兔经》二卷。

兹将与蒋平阶相关之地学著述及版本（收录不完全），如表4

所示：

表4　蒋平阶相关之地学著述及版本

书　　名	署　　名	版　　本
《地理辨正补义五卷》	清蒋平阶补传、明姜垚辨正、清尹有本补义	清尹有本辑《四祕全书十二种》（嘉庆善成堂刻本、同治敦仁堂刻本、经元堂刻本等）
《地理辨正补义》	明蒋平阶补传、明姜垚辨正、清尹有本补义	清尹有本辑《地理大全十二种》（嘉庆刻本）
《地理辨正五卷》	清蒋平阶撰、明姜垚辨正	清嘉庆二年芸经堂刻本、道光元年可久堂刻本、扫叶山房刻本、清抄本等
《地理辨正》	云间蒋杜陵先生订定	嘉庆四年龙南堂藏版
《地理辨正翼六卷披肝露胆经一卷》	清蒋平阶辑	清宣统元年衡阳陈氏刻本、清刻本
《地理辨正翼六卷》	华亭蒋平阶大鸿氏撰	清光绪文光堂刻本
《地理辨正参解六卷附录一卷》	清蒋平阶、清甘受益撰	清上海十万卷楼刻本
《玉函真义天元歌一卷》	无极子授、清蒋平阶述	清尹有本《四祕全书十二种》
《玉函真义天元歌》	明蒋平阶述、清尹有本发义	清尹有本《地理大全十二种》

书　　名	署　　名	版　　本
天元歌一卷	清蒋平阶撰、清缪亮辑	清缪亮编《地理一贯集二十七种》(稿本)
天元歌一卷	清蒋平阶撰	清抄本
天元五歌阐义五卷	清蒋平阶大鸿撰	清宣统元年刻本、宣统元年成都三味堂刻本
天元五歌阐义	云间蒋大鸿氏撰、锡山无心道人注	清刻本
天元余义一卷	清蒋平阶撰	清抄本
天元余义二卷	清蒋平阶大鸿撰	清刻本
天元歌一卷天元古镜歌三卷	清蒋平阶撰	清抄本
玉函真义古镜歌三卷	清蒋平阶撰、清尹有本发义	清尹有本《四祕全书十二种》
地理古镜歌一卷	清蒋平阶撰	吴省兰辑《艺海珠尘》(乾隆刻本、道光刻本等)
玉函真义古镜歌	明蒋平阶撰、清尹有本发义	清尹有本《地理大全十二种》
玉函真义一卷	清蒋平阶撰	清抄本
传家阳宅得一录一卷	清蒋平阶撰	清尹有本《四祕全书十二种》
传家得一录不分卷	清蒋平阶撰	清抄本
阳宅指南一卷	清蒋平阶撰、尹有本发义	清尹有本《四祕全书十二种》
阳宅指南篇一卷分房辨气论宅法一卷	清蒋平阶撰	清稿本
阳宅指南一卷	清蒋平阶撰、清梁承诘辑	清稿本
阳宅指南	明蒋平阶撰、清尹有本发义	清尹有本《地理大全十二种》
阳宅得一录三元秘旨叙一卷	清蒋平阶撰	清缪亮编《地理一贯集二十七种》

书　名	署　名	版　本
阳宅三格辨一卷	清蒋平阶撰	清尹有本《四祕全书十二种》
阳宅三格辨	明蒋平阶撰	清尹有本《地理大全十二种》
阳宅补遗一卷	清蒋平阶撰、张重明注	清抄本
归厚录择要一卷	清蒋平阶撰、清缪亮辑	清缪亮编《地理一贯集二十七种》
归厚录一卷	清蒋平阶撰	清抄本
都天宝照经三卷	唐杨筠松撰、清蒋平阶补传	清缪亮编《地理一贯集二十七种》
都天宝照经不分卷	唐杨筠松撰、清蒋平阶补传	清抄本
天玉经内传三卷	唐杨筠松撰、清蒋平阶补传	清缪亮编《地理一贯集二十七种》
青囊序一卷	唐曾求己撰、清蒋平阶补传	清缪亮编《地理一贯集二十七种》
天元乌兔经二卷	清蒋平阶大鸿撰、清高云龙辑	清抄本
水龙经五卷	清蒋平阶撰、清缪亮辑	清缪亮编《地理一贯集二十七种》
秘传水龙经（水龙经）五卷	晋郭璞撰、清蒋平阶辑	借月山房本、道光二十八年经饴山房刻本、光绪刻本、或丰刻本、清抄本、王礼圭抄本、故宫珍本、图书集成本等
醒心篇一卷	云阳□极真人口诀、清蒋平阶述（＊缺字疑为"无"）	清抄本
八极神枢一卷	云阳□极真人口诀、清蒋平阶述（＊缺字疑为"无"）	清抄本
地理指迷十卷	清蒋平阶大鸿撰、清淩塾辑	清光绪二十五年来漉堂刻本
天惊秘诀	云间蒋杜陵大鸿氏秘本、后学欧阳一传谨敬拜录	清道光庚戌抄本

由表4可见，署蒋平阶之名较多的为《地理辨正》《天元歌》《古镜歌》《阳宅指南》《阳宅得一录》等书。《艺海珠尘》本《地理古镜歌》书后戴鸿之识云："吾郡平阶蒋公得无极真人玉函之秘，遂注《地理辨正》一书，悉本黄石、杨、曾之授，其旨深矣。惜言多隐而不发，于是作《天元五歌》《天元余义》及集评《水龙经》四卷，则显而见焉。虽皆不外无极之传，然犹觉其糟粕耳。去岁，孝廉方正陈子礼园，酷嗜秘书，家藏多本，又偏觅蒋氏遗书，内得《古镜歌》五十余首，乃蒋公得口授真传之后，又搜括余蕴而作也。其歌始则细辨龙水之纯杂吉凶，继则阐明先、后天八卦之精义，以推断休咎。由大及小，以至田角、灰塘，一无遗漏。诚玉函之至秘，堪舆家之圭臬也。但《辨正》《天元》皆有刻本，而此独未见。爰手抄以公同好。"[1] 较全面说明了蒋氏地理著作的情况。《清史稿》云其"遂著《地理辨正》，取当世相传之书，订其纰缪，析其是非。……其倡言救世，惟在《地理辨正》一书。后复自抒所得，作《天元五歌》"[2] 民间另有传为蒋平阶所授歌诀或述著之抄本，真伪难辨，姑不论。

在谈及蒋平阶地学理论之前，首先要认识一下所谓的传统地理、堪舆或风水、青乌，究竟是什么。在认识这些概念之前，又

---

[1] [清] 吴省兰辑：《艺海珠尘》革集《地理古镜歌》，清听彝堂藏版。
[2] 赵尔巽等撰：《清史稿·列传》二百八十九《艺术》一，中华书局1998年版，第3553页。

蒋平阶研究

涉及一个对世界认知方式的问题：西方近代社会以来，越来越重视在实证方式上建立的一整套对世界认知的理论体系，而这一理论最根本的基础就是称之为"科学"的范式。吻合这一体系的，我们称之为具备"科学性"和"理性"，不同于这一体系的，常常被当作"迷信"和"非理性"。中国传统的地理之学，与中医类似，自然不能吻合这一体系，故而常常被放置于"迷信"和"非理性"之中。然而，西方近代社会以来所形成的这一整套认知世界的方式，是否就是绝对真理而不可置疑？或者，脱离了具体历史现实的条件，来评判一种认知世界的方法是否"科学"或"迷信"，是不是就全然正确？这些都值得深入思考。基于此，笔者认为在分析中国传统的地理之学时，惟有把它置于具体历史背景中，同时以超越单一的西方近代以来的世界认知范式来看待它、分析它，可能才是合理的、全面的、真正客观的。正如有学者在谈及中国的文化特质时，提出"中国文化的原始文化形态，其实并非笼统的'原始宗教'，而是伴随以神话与图腾、处于基本而主导地位的原始巫文化"，"即是那些'迷信糟粕''文化垃圾'，也可能蕴含一定深度的文化意义，可能触及中华原始文化的某根神经。"[1]——同样，我们以此来谈论和分析中国传统的地理之学，才有可能触及"中华原始文化的某根神经"。

中国传统地理、堪舆、风水等概念的界定、历史发展等问题，

---

[1] 王振复：《中国巫性美学：作为文化哲学的美学》，《上海文化》2008年第10期，第13页。

已有相当多的学者进行了研究，兹不赘述。今就本文相关话题简要论之。

"青乌术"，盖出自《轩辕本纪》："黄帝始划野分州，有青乌子善相地理，帝问之以制经。"传说《葬经》即是青乌子所作。有学者认为，"'青乌子'是掌管地理的一种官，'青鸟子'则是掌管计时历法的一种官。地域、天候正是当时中国人所关心的两大主题。……从上述的关于卜宅、相宅、青乌、青鸟的称谓描述看，它们都是风水的萌芽初期，而这几者之间的共同之处也正反映了萌芽期风水的基本特征"。[1]

"堪舆"之称谓，大致在汉代出现，最早见于《史记·日者列传》："孝武帝时，聚会占家问之，某日可取妇乎？五行家曰可，堪舆家曰不可，建除家曰不吉，丛辰家曰大凶，历家曰小凶，天人家曰小吉，太一家曰大吉。"《后汉书·王景传》载："乃参纪众家数术文书，家宅禁忌、堪舆日相之属，适于事用者，集为《大衍玄基》。"此处"堪舆家"，与后世"堪舆家"有异，非特为风水之术，乃为诸多占卜流派之一。郑玄注《周礼》，云"州中诸国中之封城，其书亡矣。堪舆虽有郡国所入度，非古数也，……鹑首，秦也；鹑火，周也；鹑尾，楚也；寿星，郑也；大火，宋也；析木，燕也"。故而"堪舆"一词与星宿之神有关，堪代表天干之神，舆代表地支之神。《汉书·艺文志》载有《堪舆金匮》十四卷，唐颜师古《汉

---

[1] 何晓昕、罗隽:《风水史》，上海文艺出版社1995年版，第29页。

蒋平阶研究

书·杨雄传》注"属堪舆以壁垒兮":"张晏曰:'堪舆，天地之总名也。'孟康曰:'堪舆，神名，造《图宅书》者。'"许慎注《淮南子·天文训》，认为"堪，天道也；舆，地道也"，即认为堪舆乃是观察天文地理之道。《旧唐书·吕才传》载唐初吕才钦遵唐太宗命对世传风水术书加以刊正，"验于经籍，本无斯说；阴阳诸书，亦无此语；直是野俗口传，竟无所出之处，唯按《堪舆经》黄帝对于天老，乃有五姓之说"。故而唐代堪舆源自图宅，因而后人多以堪舆之称代为风水。清末沈竹礽认为:"堪舆，堪天道与地道，最古之书为《青囊经》，共百有八句，其法全出于易。"[1]

至于"风水"一词，据称来自郭璞《葬书》之"气乘风则散，界水则止。古人聚之使不散，行之使有止，故谓之风水"。《吕览·节丧篇》则谓"风水"之由来是"葬浅则狐狸扬之，深则及于水泉，故凡葬必于高陵之上，以避狐狸之患，水泉之湿"。至北宋时，"风水"一词已被广泛接受。《五姓合诸家风水地理》《地理观风水歌》等著作已在当时所见。明代徐善继、徐善述所著《地理人子须知》:"地理家以风水二字揭其名者，即郭氏所谓'葬者乘生气也'。"高亨先生释《周易》升卦九三"升虚邑"，云:"虚邑，邑之在丘者，故云升也。升虚邑者，不畏水患。古者洪水为灾，徙家迁国，利升虚邑。"[2]亦可见"风水"之意。也有学者认为，将堪舆或风水称为"青乌""青囊"等，"皆以传语用之，与

---

[1]［清］沈竹礽:《周易示儿录下编》,《周易易解》,中央编译出版社2012年版。
[2] 高亨:《周易古经今注》,中华书局1987年版,第292页。

术法名实无关"[1]。

据称，因堪舆之学主要取《周易》"仰以观于天文，俯以察于地理，是故知幽明之故"中的"俯察地理"，故而堪舆也称之为地理。古之堪舆风水典籍，也多以"地理"二字为名。宋代赵彦卫《云麓漫钞》卷四提及："地理家不知起于何时，自黄帝令大桡甲子以干支相配而分五行，今地理家则有大五行之说，如壬属水，地理家曰属火之类。参以人之姓，归五音，分三十八将山，以定吉凶。近年又多用郭璞《锦囊》，先看山从何来，得金山或木、水、火山、土山，各以五音生旺轮之。吉方则要山高水来，凶方反是；复以七星配之，谓之天星法。"足见"地理家"之称谓，至迟宋代已出现；"地形家""地理家""地理先生""地师"等称谓，已常见于宋明时代的各类记载。"当今民间对风水的称谓除了风水之外，最普遍的称呼也就是地形、地形家、地理家、地家等。而卜宅、青乌、青鸟、青囊、堪舆等名词已不多用了。这种称谓的变迁也间接地反映了风水理论及其地位的发展和变化。"[2]窃以为以地理之学称之，可能更接近其原有之意。

传统地理大致分为峦头、理气两大派别，"堪舆之学，峦头理气，二者而已"[3]。一般认为，江西派为峦头，极重形势；福建派为理气，极重玄理。关于"峦头""理气"之分，清人丁芮朴《风

---

[1] 关长龙：《敦煌本堪舆文书研究》，中华书局2013年版，第5页。
[2] 何晓昕、罗隽：《风水史》，上海文艺出版社1995年版，第37页。
[3] 江志伊：《沈氏玄空学序》，中央编译出版社2011年版。

水祛惑》云："风水之术，大抵不出于形势、方位两家。言形势者今谓之峦体，言方位者今谓之理气，唐宋时人各有宗派授受，自立门户，不相通用。"此乃大致而言，其间仍有很多细微的异同。如有学者认为，在讲形势和理气的同时，着重点又有所侧重，一般来说阳宅和阴宅在形势和理气方面大的原则基本一致，而阳宅在审山川形势之后又有具体的宅形布局和营建等内容，这里不妨称其为"宅法"。除上述形势、理气、宅法之外，还有一派专门用于推算建造下葬的时日，风水中称为"课法"或"课学"。南怀瑾先生则认为，风水大致分为三合、三元两派，三合注重形峦，三元注重理气。[1] 当然，也有人认为应分为"卦理派""五行派"，还有人认为，"峦头"、"理气"之分并不科学，应该以更加具体而系统的方法加以区分。但这些说法对自己的主张并没有给出更为有力的解释。目前在实际操作中，几乎都将峦头和理气合而并用，或谓"峦头为体，理气为用"，或谓"形理兼顾"。不过这里并不探讨堪舆史或相关理论、流派之争[2]，这是一个极为复杂的话题，待才识卓越者阐发妙义高论，此不赘言。

---

［1］ 南怀瑾：《易经系传别讲》，复旦大学出版社 2003 年版，第 300 页。
［2］ 例如有学者认为目前学术界对风水的研究极为复杂，一是以建筑学界为主的生态景观建筑学派，二是阐述人与自然关系为主的环境学派或者人地学派，三是以研究房屋对人健康影响的生命学派，四是以文献整理为主的文献学派，等等。当代学者的相关研究书籍，可参阅丁文剑《现代建筑与古代风水》，王其亨《风水理论研究》，关长龙《敦煌本堪舆文书研究》，张齐明《亦术亦俗——汉魏六朝风水信仰研究》，顾颉《堪舆集成》，李定信《四库全书堪舆类典籍研究》，余健《堪舆考源》，罗伊、何晓昕《中国风水史》，王玉德《堪舆术研究》，蔡杰《中国古代堪舆小史》，汉宝德《风水与环境》，高友谦《理气风水》等。

蒋平阶之地学，一般认为是理气派中三元之法；然细细辨之，亦未必。如《地理辨正》自序所言"先大父安溪公早以形象之书孜孜手授"，则说明其最初所习为形法派；再如《水龙经》所录诸图及相关判断，主要通过观察水势、水形的不同形态而定吉凶，其法大致与形家相同。因此，蒋平阶之地学固然有理气的理论，但也有形家的理论，不可偏一。

近人多以蒋平阶为"三元理气"的宗匠，其三元之法非独创，盖出自古人，而蒋平阶以多年之经验和学识，将其加以归纳和修订，使之臻于完善和丰富。如对玄空安星法的起源，有学者认为："《三元经》似不应只为配合阴阳五姓造治的时日方位选择之用。如有布局之法，则疑当取男女命宫之所在布'天盘'，然后加于'地盘'九宫，从而定其坐向布局取舍。若传世之玄空风水学所论，疑即因此而踵事增花者。"[1] 不过玄空派之安星法，似乎与此并不完全相同。玄空派之安星，重视的是时间和山向，其以时间（三元九运）为天盘，以坐向为地盘，并不取男女命宫。八宅派等飞星之法，才重视命宫，如《八宅明镜》中以"福德宫"为伏位进行飞星布局之法，与"取男女命宫之所在布天盘"有类似之处。其法理论依据在于，每个人根据自己的出生年月，按照一定的原则便可计算出自己属于哪一"卦位"，此即自己的"福德宫"，然后根据"福德宫"，按照歌诀对应屋宅飞布星曜，便可以知道是不

---

[1] 关长龙：《敦煌本堪舆类文书研究》，中华书局 2013 年版，第 77 页。

是适合自己居住，其吉凶如何。如福德宫为乾之人，以乾为伏位，按照"乾六天五祸绝延生"的歌诀顺布飞星。其观点的核心在于"人之生命不同，宅之宜忌各异，……古人云：'命不易知。'故从卦以演命之理，次从宅舍各事之宜以合天命，庶得趋所宜，而不拂天地、八卦、五行所生之理，则庆流奕世而祥卒当身矣"。[1]《阳宅集成》则将其归纳为："易有八卦，宅有八方。八方之内，又分四吉四凶，乃人人有之者，……天山先生《一掌歌》云：大凡屋宇无否泰，要在主命能显符。试看本是一区宅，父衰子旺天渊殊。亦有前人发迹地，接踵零替至荒芜。可知消长非宅相，凭仗主命岂虚诬"。[2] 再如明代柳洪泉所著《三元总录》，亦重视"命卦"，以取中国人"生而有住，住而能婚，死而有葬"三件大事，宅元讲宅地、相宅、建宅、游年等，婚元讲合婚、嫁娶、宜忌等，茔元讲安葬、择日、仪式等[3]。后世所传蒋平阶之三元玄空法，与此大有差异。

---

［1］［清］篛冠道人：《八宅明镜》，"论男女生命"，乾隆五十五年，苏州东真堂刻本。
［2］［清］王道亨、姚廷銮：《阳宅集成》，中医古籍出版社 2010 年版，第 197 页。
［3］ 参见［明］柳洪泉：《三元总录》，世界知识出版社 2010 年版。

二、《地理辨正》及相关问题

　　《地理辨正》为明末清初的地学巨作，乃蒋平阶对前人所著《青囊经》《青囊序》《青囊奥语》《天玉经》《都天宝照经》进行注解之后汇辑而成。[1]传言蒋平阶黄冠避乱、奔波于齐鲁之时，得异人所授玄空秘籍，因此窥尽玄空奥秘。在其空暇之时，辑此玄空古籍五篇并加以注释，从此成为玄空地学经典，在后世影响极大。沈清玉评价说："先生好谈青紫囊术，其《地理辨徵》一书，于郭璞《葬经》下至杨赖诸家，悉加贬斥。"[2]《地理辨正》的成书时间，约在康熙二十年（1681年）左右。[3]据传蒋平阶《地理辨正》之书，得之于明初冷谦。乾隆时，有人记载："此年皆信蒋平阶《地理辨正》之书，其来谓得之于冷谦。平阶，字大鸿，初名

---

[1]　今见流行本除此五篇外一般辑有《平砂玉尺辨伪》《平沙玉尺辨伪总括歌》（署会稽姜垚汝皋撰）等文。

[2]　北京清华学校研究院1927年出版《国学论丛》第一卷第二号《雪桥诗话馀集》："（人从花底散，路入梦中疑。何日沧州兴，重来倒接罜）皆在越时作也。沈清玉《冰壶》谓：先生好谈青紫囊术，其《地理辨徵》一书，于郭璞《葬经》下至杨赖诸家，悉加贬斥。"沈清玉，浙江会稽人，乾隆初举博学鸿儒。

[3]　尹有本辑《四祕全书十二种》录《地理辨正补义五卷》，有蒋大鸿序云："辛酉华亭蒋平阶大鸿氏敬告"。对照蒋平阶生平，此辛酉年为康熙二十年。

雯阶，字驭闳，明季嘉善县学生也。尝见几社会课文一小卷，有其文。冷谦，字起敬，嘉兴人也，洪武时太常司协律郎，尝见张宣至正时听冷起敬琴诗墨迹，而世传其仙去云。"[1] 从这里也可发现，至少在乾隆时代，蒋平阶地理之学已经颇有影响。

关于《青囊经》《青囊奥语》《天玉经》《都天宝照经》原来的作者，传说是唐代杨筠松等人所作，然未必可靠。《青囊序》据说为曾求已所作，《都天宝照经》据说为杨筠松授予一黄姓弟子，或曰黄巢，或曰朱温军师黄妙应，此皆揣度。《四库全书总目提要》云："《青囊序》一卷，《青囊奥语》一卷，《青囊奥语》旧本题唐杨筠松撰，其序则题筠松弟子曾文辿所作。相传文辿赣水人，其父求已先奔江南节制李司空，辟行南康军事。文辿因得筠松之术。后传于陈抟，是书即其所授师说也。"又云："《天玉经》内传三卷，外编一卷，旧本题唐杨筠松撰。考郑樵《通志艺文略》陈振孙《书录解题》载，杨曾二家书无《天玉经》之名，相传杨氏师弟秘之，不行于世，至宋吴见诚遇异人始授此经。其子景鸾乃发明其义，然则是书亦至宋始出，其为筠松所撰与否更在影响之间矣。特其流传稍远，词旨亦颇有义意，故言理气者至今宗之。其真伪可置勿论也。"[2]

《青囊》诸篇虽早已问世，但若非蒋平阶汇辑并作系统的注解，恐怕并不能引起人们如此大的关注。可以说，不但蒋平阶以

---

[1] ［清］钱载坤：《箬石斋文集》，卷第十一《钱墓地记》，乾隆刻本。
[2] 《四库全书总目提要》，子部七《术数类》三，相宅相墓之属。

《地理辨正》而得享盛名，《青囊》五篇也因《地理辨正》而重耀于世。明清之后地学家无人不谈《青囊》诸篇，蒋平阶功不可没。《地理辨正》仆一问世，便有多人随蒋氏之注而加发挥，近世以来诸家更是众说纷纭，然大多局限于术家话语体系之中。

《地理辨正》其序先言明所作渊源：

通三才之道曰"儒"，故天官地理皆学士家穷理之本业。而象纬之学，正三统测灾祥，属有国家者之事。独地理为养生送死、生民日用所急，孝子慈孙尤不可以不谨。宋儒朱蔡诸贤，间有发明见于性理书中者，班班可考，顾仅能敷陈梗概，而未究其精微。或者进而求之通都所布管郭诸书，虽其言凿凿，而去之逾远。斯其为道显而隐，诚所谓间世一出，非人不传者耶。余少失恃，壮失怙。先大父安溪公早以形象之书孜孜手授，久而后知俗学之非也。思穷径绝，乃得无极子之传，于游方之外，习其所传又十年。所于是，远溯黄石、青乌，近考青田、幕讲，彼其言盖人人殊而厥旨则一，且视天下山川土壤，虽大荒内外亦如一也。其庶乎地学之正宗在是，辄欲举其说以告学者，又不容显言无已，则取当世相传之书，订其纰缪，而析其是非，使言之者无罪，而闻之者有所徵戒，而不至于乱。《辨正》之书所以作也。夫地学之有书，始于黄石，盛于杨公，而世所惑溺而不可卒解者则莫甚于《玉尺》。故论断诸书汇为一编，其俎豆之与爰书，皆以云救也。于姜诸子问业日久，经史之暇，旁及此编，岂好事哉？我得此道，以释憾于我亲；从我游者，皆有亲也，姜氏习是编而遽梓之以公世，其又为天下后世之有亲者加之意欤？允哉，儒者之用心也已。[1]

此序申明地理之学亦是儒者之本业，前贤如朱熹、蔡元定等人，也有所心得发明。然而随时间之流失、时代之更替，地学逐渐不明，故需去乱扶正，因此才有"取当世相传之书，订其纰缪，而析其是非"之举。另外从匡济世事而言，地学为民间日常所需，平民百姓都离不开其用，故而将自己的心得公诸于世，让天下百姓有所需者能得到帮助，这就是儒者的用心。从此处可以理解蒋平阶作地理之书的发心，深入解读蒋平阶的《地理辨正》也应该以此为基本的出发点。文章中晦涩不解之处，不过是古老术数固有的"传统话语体系"而已，并不能苛责蒋平阶的"秘而不发"。

《地理辨正》版本甚多，内容大抵一致，只不过注者发挥不同。蒋平阶注此五篇，基本都以易学为根底，掺夹术家理论，归于儒家圣人之道。此书不但于蒋平阶极为重要，亦为后世术家极为看重，故兹将《辨正》所录诸篇引于后，供学者参阅。

先看《青囊经》全文：

天尊地卑，阳奇阴偶；一六共宗，二七同道；三八为朋，

---

[1]［清］蒋平阶：《地理辨正原序》，《地理辨正翼》六卷，光绪文光堂刻本。

四九为友；五十同途，辟阖奇偶；五兆生成，流行终始。八体宏布，子母分施；天地定位，山泽通气；雷风相薄，水火不相射；中五立极，制临四方；背一面九，三七居旁；二八四六，纵横纪纲。阳以相阴，阴以含阳；阳生于阴，柔生于刚；阴德宏济，阳德顺昌。是故阳本阴，阴育阳，天依形，地附气，此之谓化始。

天有五星，地有五行；天分星宿，地列山川；气行于地，形丽于天；因形察气，以立人纪。紫微天极，太乙之御；君临四正，南面而治；天市东宫，少微西掖；太极南垣，旁照四极。四七为经，五德为纬；运斡坤舆，垂光乾纪；七政枢机，流通终始。地德上载，天光下临；阴用阳朝，阳用阴应；阴阳相见，福禄永贞；阴阳相乘，祸咎踵门。天之所临，地之所盛；形止气蓄，万物化生；气感而应，鬼福及人。是故天有象，地有形，上下相须而成一体，此之谓化机。

无极而太极也，理寓于气，气圃于地；日月星宿，刚气上腾；山川草木，柔气下凝；资阳以昌，用阴以成。阳德有象，阴德有位；地有四势，气从八方；外气行形，内气止生；乘风则散，界水则止。是故顺五兆，用八卦，排六甲，布八门，推五运，定六气，明地德，立人道，因变化，原终始，此谓之化成。

全文约有 500 字，其中多袭《系辞》之语。第一段主要依

《易》系辞，以辨阴阳刚柔、相生互补之理，说明先后天相辅相成、阴阳相生相济、万物生成之用。基于此，再引申出后面两段的论述。"中五立极，制临四方；背一面九，三七居旁；二八四六，纵横纪纲"诸句，实指后天洛书，即图1所示：

四	九	二
三	五	七
八	一	六

图 1　后天洛书

对应后天八卦即图2所示：

巽	离	坤
震		兑
艮	坎	乾

图 2　后天八卦

所谓玄空学之奥秘，皆从洛书和先后天八卦而来。故而《青囊经》首明易经大义和先后天八卦，再明阴阳二气本质。所谓"二气"，实乃"一气"，乃天地间的"生气"而已。蒋平阶云："此篇以无形之气，为天地之始，而推原道之所从来也，夫阳气属天，而实兆于地之中，圣人作易，以明天地之道，皆言阴阳之互为其根而已"，又称："天地之道，阳常本于阴，而阴常育于阳，故天非廓然空虚者为天也，其气常依于有形，而无时不下济，地非块然不动者为地也，其形常附于元气，而无时不上升。然则天之气，常在地下，而地之气，皆天之气，阴阳虽曰二气，止一气耳，所以生天地者此气，所以生万物者此气，故曰化始也。"亦由此可见其依易理而谈"气"和"阴阳"。

第二段开始，以《易》之原理，讲述阴阳化机，分为天地之象。而天地之象，相互相成，各为纲纪，所谓"天有象，地有形，上下相须而成一体"。此处谈到天人感应是"气感而应，鬼福及人"，虽然谈及未多，但也隐隐显示出作者将外在的时空变化与人的吉凶结合起来的观点，与《易》系辞中"天生神物，圣人则之；天地变化，圣人效之；天垂象，见吉凶，圣人像之"有着密切的联系。蒋平阶注："此篇以有形之象，为天地之化机，而指示气之所从受也，上文既明河图洛书，先天后天八卦之理，圣人作易之旨尽于此，天地阴阳之道亦尽于此矣，然圣人不自作易，其四象八卦，皆仰法于天，故此篇专指天象以为言……地理之道，必使我所取之形，足以纳气，而气不我，去则形与气交而为一，必使我所据之地，足以承天，而天不我隔，则地与天交而为一，夫天地形气既合而为一，则所葬之骨，亦与天地之气为一，而死魄生人，气脉灌输，亦与为一，福应之来，若机张审括，所谓化机也。"在这里，蒋平阶重点讲明"天地为一""形气相交""天人为一"，由此而成"天、地、形、人"结为一体，不可分割的道理；这里无处不在的"人与天地万物并焉"观点，把中国传统的"天人合一"思想始终贯彻到风水术之中。

最后一段，讲气的功用。"乘风则散，界水则止"，明确谈到

　　　　　　　　　　　　　　　蒋平阶研究

了"风水"之意。至于如何用，则以"顺五兆，用八卦，排六甲，布八门，推五运，定六气，明地德，立人道，因变化，原终始"的"化成"为用。后世有不同的流派在这几句话中打转，将其发挥到极致，如将"排六甲"等同于定元运、将"五运六气"看作"九星吊替"的择日、年、山、向、运盘中之星等，多为揣度发挥。蒋于此段文末注云："盖地之五行，得其顺，则人之生也，五德备其全，而五常若其性，圣贤豪杰，接踵而出，而礼乐政刑，无不就理，岂非人道自此立乎？然此亦阴阳变化，自然之妙，虽有智者，不能以私意妄作，夫亦为知其所以然，因之而已。夫卜地葬亲，乃慎终之事，而子孙之世泽，皆出其中，则人道之所以终，即为人道之所以始，然则斯道也者，圣人开物成务，无有大于此者也，谓之化成宜哉。"强调"五德""人道""慎终"等观点，从术数终究归于儒家。宋代大儒蔡元定作《发微论》，提及"是故求地者，必以积德为本"，"气者德之符，天未尝有心于人，而人之一心一气感应，自相符合耳"，"地理之微，吾既发明之，故述此于篇末，以明天道之不可诬，人心之所当谨"[1]，这种观点深刻地影响着后世的地理之学。当知蒋平阶本以云间才子而出道，后任南明朝臣，明亡后有伯夷、叔齐之节，

---

[1] ［宋］蔡元定：《发微论》，《四库全书》子部七《术数类》三。又，《发微论》作者，四库本虽署"宋蔡元定撰"，然《四库全书总目》提要亦注明《发微论》或非西山先生所作，如《地理大全》本即作"蔡牧堂撰"。杨世文先生据《蔡氏九儒书》"牧堂公集"、朱熹《跋蔡神与绝笔》、张咸《地理发微论序》等，考订作者应为蔡元定之父蔡发（牧堂）所作。又，《古今图书集成》中《堪舆部名流列传》载："蔡神与，号牧堂，著《发微论》。"亦证作者为蔡发（牧堂）。此姑依四库本。

其思想乃以儒家为本。其地学之道，离不开也无法离开儒家的思想。

《地理辨正》所录另一篇为《青囊序》，全文为：

杨公养老看雌雄，天下诸书对不同。先看金龙动不动，次察血脉认来龙。龙分两片阴阳取，水对三叉细认踪。江南龙来江北望，江西龙去望江东。是以圣人卜河洛，瀍涧二水交华嵩。相其阴阳观流泉，卜年卜世宅都宫。晋世景纯传此术，演经立意出玄空。朱雀发源生旺气，一一讲说开愚蒙。一生二兮二生三，三生万物是玄关。山管山兮水管水，此是阴阳不待言。识得阴阳玄妙理，知其衰旺生与死。不问坐山与来水，但逢死气皆无取。先天罗经十二支，后天再用干与维。八干四维辅支位，子母公孙同此推。二十四山分顺逆，共成四十有八局。五行即在此中分，祖宗却从阴阳出。阳从左边团团转，阴从右路转相遇。有人识得阴阳者，何愁大地不相逢。阳山阳向水流阳，执定此说甚荒唐。阴山阴向水流阴，笑杀拘泥都一般。若能勘破个中理，妙用本来同一体。阴阳相见两为难，一山一水何足言。二十四山双双起，少有时师通此义。五行分布二十四，时师此诀何曾记。山上龙神不下水，水里龙神不上山。用此量山与步水，百里江山一饷间。更有净阴净阳法，前后八尺不宜杂。斜正受来阴阳取，气乘生旺方无煞。来处起顶须要知，三节四节不须拘。只要龙神得生旺，阴阳却与穴中殊。天上星辰似织罗，水交三八要相过。水发城门须要会，却如湖里雁交鹅。[1]富贵贫贱在水神，水是山家血脉精。山静水动昼夜定，水主财禄山人丁。乾坤艮巽号御街，四大神尊在内排。生克须凭五行布，要识天机玄妙处。乾坤艮巽水长流，吉神先入家豪富。请验一家旧日坟，十坟埋下九坟贫。惟有一家能发福，去水来山尽合情。宗庙本是阴阳玄，得四失六难为全。三才六建虽为妙，得三失五尽为偏。实因一行扰外国，遂把五行颠倒编。以讹传讹竟不明，所以祸福为错乱。

　　全文皆为通俗口语，与《青囊经》文风相异。窃以为《地理辨正》五篇，大抵以《青囊经》为纲，统筹余篇。术家以为《青囊序》全篇口诀，皆说一大秘密，即排龙诀。今据民间术数流行之说，所谓排龙，即将天地看作一大空间，分十二宫，依十二支

---

[1] "却如湖里雁交鹅"，亦有作"劫如湖里雁交鹅"。若为"劫"，则此处意义全变，术家所用之法全然不同。此不多论。此句与"富贵贫贱"一句之间，《四库全书》本及流行他本尚有500余字，据说因是三合法，不合三元玄空法而被蒋平阶所删，以致后世聚讼纷纷。是否，此不论。所删文字为："穴上明堂并朝水，文库大小皆得位。截定生旺莫教流，直射直流家业退。射破生方定少亡，冲破旺位财狼。文若来时男女乱，库方来到定为秧。穴上明堂并朝水，文库大小俱得位。裁定生旺莫教流，直射直流家业退。射破生方定少亡，冲破旺位财狼当。文若来时男女乱，库方来到定为殃。生出克出名为退，生入克入名为进。退水官流千百步，进水须教庭户迎。进逼得位出公卿，家资巨富旺人丁。旺方带煞来不宜，库中藏煞去亦非。更看诸位高峰迢，尖秀方圆须得位。生方高耸旺人丁，官旺起峰官禄生。水中消息少知音，却向玄空里面寻。坐向须明生克化，进退水路总非轻。四金四木并八水，四火四土少五行。大小尽在玄空里，二十四山有水神。十个退神灵如鬼，十四进神如鬼灵。生入克入为进神，生出克出为退神。进神宜进家资旺，若还退时家不兴。退神宜退亦同旺，若达进时主官刑。沟壑明堂定方隅，便从品折自萦纡。四尺八寸为一步，折取须交向所宜。小神须要入中神，中神流入大神位。三折更上御街去，一举登科名冠世。奇贵贪狼并禄马，三合联珠贵无价。凶神流短吉神长，富贵声名满天下。子午卯酉号斋厅，神坛寺观亦能兴。内有旗枪红门水，雷公馆位使人惊。水神祸福原非细，更须一一查公位。乾坤艮巽长男兴，寅申巳亥玄伶仃。甲庚丙壬中男发，子午卯酉中男杀。乙辛丁癸小男强，辰戌丑未小男殃。"

分野，为纳黄道十二宫之气，为阴，顺时针转动，即右旋。十二宫中，各纳一阳，阳则为八干四维，逆时针旋转，即左旋。如图3所示：

丙巳	丁午	坤未	庚申
巽辰			辛酉
乙卯			乾戌
甲寅	艮丑	癸子	壬亥

图3　十二宫左旋

蒋平阶云："盖唐以后，诸家五行，杂乱而出。"依风水术的发展而言，唐五代之时，风水术已有较大变化，并开始在民间有了广泛的信仰基础。唐代佛道交替鼎盛，天文地理不断发展，传统地学也已出现诸多书籍，所谓"葬书一术，乃有百二十家，各说吉凶，拘而多忌"。今发现的唐五代堪舆类书目就出现了宅法、葬法、形法等等专门的著述。《古今图书集成》堪舆名流记录了传为当时名师的人物如李淳风、僧一行、张燕公、司马头陀、杨筠松诸家，民间亦有大量与择地相关的故事，足见风水术在当时影响已深。时至宋季，江西、福建两派已俨然并为两大家，地理书籍亦大量出现，然而相互抵牾、言语粗鄙，甚为不堪。到了明清鼎革之际，这种情况不但没有改观，反而越发混乱，如陈振孙所言"故作隐奥之词，使人恍惚迷离，骤不得其指要，方技之谲智，往往如斯"。蒋平阶作此议论，自是有感而发。又云："圣人作都，不言华嵩之脉络，而言瀍涧之相交，则知所认之来龙，之以瀍涧也，又引刘公迁幽，相阴阳，观流泉，以合观之，见圣人作法，千古一揆也。"古人相阴阳、观流泉，近世所谓城市规划的地质勘探而已，名相虽变，实质未变，故而"圣人作法，千古一揆"。

《地理辨正》第三篇为《青囊奥语》，全文如下：

坤壬乙巨门从头出，艮丙辛位位是破军。巽辰亥尽是武曲位，甲癸申贪狼一路行。左为阳，子丑至戌亥；右为阴，午巳至申未。雌与雄，交会合元空；雄与雌，元空卦内推。山与水，须要明此理；水与山，祸福尽相关。明元空，只在五行中；知此法，不须寻纳甲。颠颠倒，二十四山有珠宝；逆顺行，二十四山有火坑。认金龙，一经一纬义不穷；动不动，直待高人施妙用。第一义，要识龙身行与止。第二元，来脉明堂不可偏。第三法，传送功曹不高压。第四奇，明堂十字有元微。第五妙，前后青龙两相照。第六秘，八国城门锁正气。第七奥，要向天心寻十道。第八裁，屈曲流神认去来。第九神，任他平地与侵云。第十真，若有一缺非真情。明倒杖，卦坐阴阳何必想。识掌模，太极分明必有图。知化气，生克制化须熟记。说五星，方圆尖秀要分明。晓高低，星峰须辨得元微。鬼与曜，生死去来真要妙。向放水，生旺有吉休囚否。二十四山分五方，知得荣枯死与生。翻天倒地对不同，其中秘密在元空。认龙立穴要分明，在人仔细辨天心。天星既辨穴何难，但把向中放水看。从外生入名为进，定知财宝积如山。从内生出名为退，家内钱财皆废尽。生入克入名为旺，子孙高官尽富贵。脉息生旺要知因，龙歇脉寒灾祸临。纵有他山来救助，空劳禄马护龙行。劝君再把星辰辨，吉凶祸福如神见。识得此篇真妙微，又见郭璞再出现。

《青囊奥语》被誉为"地理六经"之一，据称为杨筠松所著，为传统地理之学必读典籍。所谓"《青囊奥语》者，杨公合峦头理气贯以一而集其大成之书也。犹之乎儒家之有《大学》圣经，释家之有《般若心经》，道家之有《太上清净经》也"[1]。但其间疑窦甚多，历来诸家各抒己见，难有定论。从内容而言，这些版本收录的文字虽然大致相同，但在重要术语方面略有差异；而地理之学往往一字之差，相关解释便南辕北辙。例如被《四库全书总目提要》称之为"历来注家罕能详其起例"的"坤壬乙"首句，因为"文曲"和"巨门"二字之差，其含义便差之千里。《四库提要》认为："《青囊奥语》旧本题唐杨筠松撰，其序则题筠松弟子曾文辿所作……旧本有注，托名刘基。李国木复加润色，芜蔓殊甚。又妄据伪《玉尺经》窜改原文，尤为诞妄。"[2]清人丁芮朴《风水祛惑·杨曾书》认为非杨氏所撰，云："高其倬曰'世传杨公诸书，皆后人伪托，惟《撼龙》《疑龙》二经是真书'，乃是先得我心之言。"其理由如下：其一，杨氏风水，专言形势，而不讲方位和五行；用九星之名，不过取之于比拟，而非用之于方

---

[1]［清］叶九升：《地理六经注》题下注，乾隆大成斋刻本。
[2]《四库全书总目提要》卷一百九·子部十九《术数类》二。

　　　　　　　　　　　　　　　蒋平阶研究

位和挨星。"风水之术大抵不出形势、方位两家，言形势者今谓之峦体，言方位者今谓之理气。唐宋时人各有宗派授受，自立门户不相通用……九星之名，特取譬之假象耳……《青囊序》言五行凡四见，《青囊奥语》言五行凡二见，《天玉经》言五行凡十一见，而《撼龙经》云'龙家不要论五行'，此皆显然舛异者也。"其二，《青囊奥语》中所涉及的人物及语句，非杨氏在唐代所能知晓者。如"《青囊奥语》云'又见郭璞再出现'，不知郭璞《葬书》晚出，非杨所及见。又云'颠颠倒，二十四山有珠宝；顺逆行，二十四山有火坑'，此元陈致虚之语，乃丹家修炼之术也……又云'太极分明必有图'，此亦宋以后之人说"，"均系宋元明之故事，杨筠松何缘得以预见？"其三，从记载来看，《青囊奥语》等着在宋代相关书目中都没有记载，"《青囊奥语》《青囊序》《天玉经》《都天宝照经》诸理气书，考《宋史·艺文志》及晁公武、陈振孙两家书目皆不着录，其为伪撰无疑。"[1] 余嘉锡《四库提要辨证》认为，"《提要》以是书为地学理气之权舆，而不疑其伪。(《提要》于《撼龙》、《疑龙》二经及此书，均称旧本题某某撰者，以杨曾事迹荒诞，故示存疑之意，疑其人，非疑其书也。)丁氏因高其倬之说，考之群书，力断为非杨筠松所作，其言颇核。"[2] 不过，余嘉锡认为丁氏之言，"惟谓自宋迄明，皆以筠松之学为峦

---

[1] 〔清〕丁芮朴：《风水祛惑·杨曾书》，《续修四库全书》子部术数类，第 1054 册第 247—248 页。下同。

[2] 余嘉锡：《四库提要辨证》，中华书局 1980 年版，第 2 册第 735 页。

体，而非理气，则殊不尽然"，"杨氏之学，故别有此一派，其所从来久矣，非起于明以后也"。但他的主要意见与丁氏大致相同："至于《青囊奥语》之为书，与《龙经》持论互相矛盾，决不出于一人之手。丁氏之说，自不可废，分别观之可以。"[1] 至于其成书年代，根据《青囊奥语》相关内容可以看出，它除了具有形势派的理论，还有着大量理气派的特色。余嘉锡认为"理气一派"，"杨氏之学，故别有此一派，其所从来久矣，非起于明以后也"。其起源时间甚久远，如明初王祎云："后世言地理之术者分为二总，一曰宗庙之法，始于闽中，其源甚远。其为说，主于星卦、阳山阳向、阴山阴向，不相乖错，纯取五星八卦，以定生克之理。其学浙闽传之，而今用之者甚鲜。一曰江西之法，肇于赣人杨筠松、曾文遄，及赖大有、谢之逸之辈，尤精其学。其为说，主于形势，原其所起，即其所止，以定位向，专注龙、穴、砂、水之相配，其他拘忌，在所不论。其学盛行于今，大江南北，无不遵之。"[2] 但目前难以寻找到《青囊奥语》与这一"其源甚远"流派的直接关系，从它托名于杨筠松所著这一点来看，可证其成书时间不可能早于唐代。关长龙认为"传世本唐五代堪舆文献著录明确的几近于无"[3]，从另一个侧面也可证实《青囊奥语》并非唐五代之前的作品。从《青囊奥语》的行文风格来看，与《天玉

---

[１] 余嘉锡：《四库提要辨证》，中华书局 1980 年版，第 2 册第 736 页。
[２] ［明］王祎撰：《青巖叢錄》，百陵學山經部，民国二十七年，商务印书馆影印本。
[３] 关长龙：《敦煌本堪舆文书研究》，中华书局 2013 年版，第 5 页。

经》、《青囊序》等极为类似，其所作内容，"均系宋元昉之故事"，故成书年代应当不会早于宋代。从版本而言，现今可见最早的几个版本，如明徐试可《重镌官版地理天机会元》为万历三十九年刻本，李国木《地理大全》为崇祯年间刻本，傅振商《地理醒心录》为天启五年刻本，因此，此文很有可能为宋元之后的人所撰。[1]

蒋平阶认为："杨公此篇其言，玄空大卦挨星五行，即青囊经上卷，阳生于阴之义，而下卷理寓于气之妙用也，其言倒杖太极晕五星脉息，即青囊经中卷，形止气蓄之义，而下卷气囿于形之妙用也，一形一气括尽青囊之昌，而究其玄机正诀，如环无端，不可捉摸，谓之曰奥语宜哉。"即以为此文讲的是挨星奥义。所谓"挨星"，术家以运星入中，阳顺阴逆，按九宫飞布。而《青囊奥语》首句，术家则以为是替星之秘。所谓"替星"，即凡在罗经上有兼线的情况，如阳兼阴、阴兼阳，或者出卦兼，则用替星口诀。不过，很多人对此也有不同观点。如清人丁芮朴《风水祛惑·蒋大鸿书》就认为："风水元运之法说者，谓其出自明初宁波幕讲僧。唐时本无此派。蒋大鸿侈谈风水，以元运为易学，其言曰：'上古野葬易以棺椁，孔子取诸大过明示泽风之象，以教后人风水择地之旨。'如此解易，虽京房焦延寿诸家不能窥破，况近代杨赖辈乎？由斯观之，不但圣人之易毫无所见，即术数家支派似茫

---

[1]《青囊奥语》相关论述内容详见拙著《四库全书本〈青囊奥语〉初解》，上海社会科学院出版社2018年版。

乎未闻。今杨赖相墓之术何关解易？推寻其意，当指辨正所编之伪书而言，然元运之法，不过阴据《皇极经世》而推演之，并非易经本义……今阅其书自称真仙传授，诡谲之谈，殆类道家授法，不出术家习气，然其饰以易文故儒者亦信从焉。昔人谓天下之小术，无不借易以为说，盖万物不离乎数，而数不离乎奇偶，随意牵合，无所不通，故浅陋之术皆得假圣人之糟粕以为精深，所以眩惑斯人而取售于世，小术之中风水出于晚近之世，尤为卑下不足道也。"亦一家之言。

《地理辨正》第四篇为《天玉经》，分为上、中、下三卷，相对他篇，可谓宏文。此篇作者据传为杨筠松，不过正如前面所言，实非杨筠松所作。清代易学家张惠言也曾说："筠松之书见于宋人著录者惟《正龙子经》一卷，其外地理口诀所集及杨公遗诀《曜金歌》并三十六象图而已，今三书皆亡。而题杨公著者多至十余种，大抵明人妄托居多，然如《疑龙》《撼龙》《天玉》非后人所能伪为。《疑龙》见《直斋书录》而不题杨公，《撼龙》《天玉》皆不入录，盖文人于五行之书采之不能详，术士私传固或有之，但就其文义，分别真伪亦昭昭然白黑易分也。"[1]

上卷全文如下：

江东一卦从来吉，八神四个一。江西一卦排龙位，八神四个

---

[1]　[清]张惠言：《青囊天玉通义》卷三"天玉经·内传上"，光绪八年刻本。

二。南北八神共一卦，端的应无差。二十四龙管三卦，莫与时师话。忽然知得便通仙，代代鼓骈阗。天卦江东掌上寻，知了值千金。地画八卦谁能会，山与水相对。父母阴阳仔细寻，前后相兼定。前后相兼两路看，分定两边安。卦内八卦不出位，代代人尊贵。向水流归一路行，到处有声名。龙行出卦无官贵，不用劳心力。只把天医福德装，未解见荣光。倒排父母荫龙位，山向同流水。十二阴阳一路排，总是卦中来。关天关地定雌雄，富贵此中逢。翻天倒地对不同，秘密在玄空。三阳水口尽源流，富贵永无休。三阳六秀二神当，立见入朝堂。水到御街官便至，神童状元出。应绶若然居水口，御街近台辅。咚咚鼓角随流水，艳艳红旆归。上按三才并六建，排定阴阳算。下按玉辇捍门流，龙去要回头。六建分明号六龙，名姓达天聪。正山正向流支上，寡天遭刑杖。共路两神为夫妻，认取真神路。仙人秘密定阴阳，便是真龙冈。阴阳二字看零正，坐向须知病。若遇正神正位装，拨水入零堂。零堂正向须知好，认取来山脑。水上排龙点位装，积粟万余仓。正神百步始成龙，水短便遭凶。零神不问长和短，吉凶不同断。父母排来到子息，须去认生克。水上排龙照位分，兄弟更子孙。二十四山分两路，认取五行主。龙中交战水中装，便是正龙伤。前面若无凶交破，莫断为凶祸。凶星看在何公头，仔细认踪由。先定来山后定向，联珠不相放。须知细觅五行踪，富贵结金龙。五行若然翻值向，百年子孙旺。阴阳配合亦同论，富贵此中寻。东西父母三般卦，算值千金价。二十四路出高官，绯紫入长安。父母不是未为好，无官只豪富。父母排来看左右，向首分休咎。双山双向水零神，富贵永无贫。若遇正神须败绝，五行当分别。隔向一神仲子当，千万细推详。若行公位看顺逆，接得方奇特。公位若来见逆龙，男女失其踪。更看父母下三吉，三般卦第一。

按蒋平阶所注，此卷即讲授挨星五行、玄空大卦之理；所谓"三卦者，缘玄空五行，八卦排来，止有三卦故也"。文中强调"三卦"，即东西南北三卦，有一卦得一卦的用处，有一卦兼得二卦的用处，有一卦尽得三卦的用处；故而蒋平阶认为"此谓玄空大卦秘密宝藏"，通篇看来，不过皆是反复点明父母三般卦的道理，无复他说。

中卷全文如下：

二十四山起八宫，贪巨武辅雄。四边尽是逃亡穴，下后令人绝。惟有挨星为最贵，泄漏天机秘。天机若然安在内，家活当富贵。天机若然安在外，家活渐退败。五星配出九星名，天下任横行。干维乾艮巽坤壬，阳顺星辰轮。支神坎震离兑癸，阴卦逆行取。分定阴阳归两路，顺逆推排去。知生知死亦知贫，留取教儿孙。天地父母三般卦，时师未曾话。玄空大卦神仙说，本是此经诀。不识宗枝俱乱传，开口莫胡言。若还不信此经文，但覆古人坟。分却东西两个卦，会者传天下。学取仙人经一宗，切莫乱谈空。五行山下问来由，入首便知踪。分定子孙十二位，灾祸相连值。千灾万祸少人知，克者论宗枝。五行位中出一位，仔细秘中记。假如来龙骨不真，从此误千人。一个排来千百个，莫把星辰错。龙要合向向合水，水合三吉位。合禄合马合官星，本卦生旺寻。合凶合吉合祥瑞，何法能趋避。但看太岁是何神，立地见分明。成败定断何公位，三合年中是。排星仔细看五行，看自何卦生。来山八卦不知踪，八卦九星空。顺逆排来各不同，天卦在其中。甲庚丙壬俱属阳，顺推五行详。乙辛丁癸俱属阴，逆推论五行。阴阳顺逆不同途，须向此中求。九星双起雌雄异，玄关真妙处。东西二卦真奇异，须知本向水。本向本水四神奇，代代著绯衣。水流出卦有何全，一代作官员。一折一代为官禄，二折二代福。三折父母共长流，马上锦衣游。马上斩头水出卦，一代为官罢。直山直水去无翻，场务小官班。

《天玉》中卷与下卷紧密相继，本为一体，实说一事。下卷为：

乾山乾向水朝乾，乾峰出状元。卯山卯向卯源水，骤富石崇比。午山午向午来堂，大将值边疆。坤山坤向水坤流，富贵永无休。辨得阴阳两路行，五星要分明。泥鳅浪里跳龙门，渤海便翻身。依得四神为第一，官职无休息。穴上八卦要知情，穴内卦装清。要求富贵三般卦，出卦家贫乏。寅申巳亥水来长，五行向中藏。辰戌丑未叩金龙，动得永不穷。若还借库富后贫，自库乐长春。大都星起何方是，五行长生旺。大祗相对起高冈，职位在学堂。捍门官国华表起，山水亦同例。水秀峰奇出大官，四位一般看。坎离水火中天过，龙墀移帝座。宝盖凤阙[1]四维朝，宝殿登龙楼。罡劫吊杀休犯着，四墓多销铄。金枝玉叶四孟装，金厢玉印藏。帝释一神定县府，紫微同八武。倒排父母养龙神，富贵万余青。识得父母三般卦，便是真神路。北斗七星去打劫，离宫要相合。子午卯酉四龙冈，作祖人财旺。水长百里佐君王，水短便遭伤。识得阴阳两路行，富贵达京城。不识阴阳两路行，万丈火坑深。前兼龙神前兼向，联珠莫相放。后兼龙神后兼向，排定阴阳算。明得零神与正神，指日入青云。不识零神与正神，代代绝除根。倒排父母是真龙，子息达天聪。顺排父母倒子息，代代人财退。一龙宫中水便行，子息受艰辛。四三二一龙逆去，四子均荣贵。龙行位远主离乡，四位发经商。时师不识挨星学，只作天心摸。东边财谷引归西，北到南方推。老龙终日卧山中，何尝不易逢。此是自家眼不的，乱把山冈觅。世人不知天机秘，泄破有何益。汝今传得地中仙，玄空妙难言。翻天倒地更玄玄，大卦不易传。更有收山出煞诀，亦兼为汝说。相逢大地能几人，个个是知心。若还求地不种德，稳口深藏舌。

　　《天玉经》至此毕，然观其意趣，尚有未尽之意。盖原本还有

---

[1]　亦作"阁"。

口诀，后人未抄录完全；不过此亦揣度，究竟有无余句，恐终成谜案。

《天玉》三卷以术家口诀完成，除去故作玄妙的术语外，通俗直白、易于传颂。蒋平阶以自己理论通解三卷，然而亦被后人批评为"故作玄奥"，认为是望文生义。[1]可见自古至今，凡注典籍者大多吃力不讨好。

蒋平阶在注解此篇时，以三元玄空之法为基础。如其注"惟有挨星为最贵，泄漏天机秘。天机若然安在内，家活当富贵。天机若然安在外，家活渐退败。五行配出九星名，天下任横行"等句，就说："卦例既不可用，惟有挨星玄空大五行，乃为阴阳之最贵者。天机秘密，不可流传于世，但可偶一泄漏而已"，"夫挨星五行，非如游年卦例，但取四吉而已。盖八卦五行，配出九星，上应斗杓，知九星之作用，便可横行于天下，无不响应矣。"再如"天地父母三般卦，时师未曾话。玄空大卦神仙说，本是此经诀。不识宗枝但乱传，开口莫胡言"等句，蒋注为："曰天地，曰东西，曰父母，曰玄空，曰挨星，名异而实同，若于字义屑屑分疏，则支离矣。此节盖恐学者得传之后，以为太易而轻忽之，故极言赞美，以郑重其辞，非别有他义也。"并特地说明："予得传以来，洞彻玄空之理，今校注此经文。"似讲术家不传之奥秘，然则最后一句，又重归儒家"重德"之说——蒋注"若还求地不种德"，强

---

[1] 李定信：《四库全书堪舆类典籍研究》，上海古籍出版社 2007 年版，第 284 页。

调"篇终述叙传授之意，深戒曾公安之善宝之也。结语归重于种德，今之得传者，不慎择人，轻泄浪示，恐虽得吉地，不能实受其福矣；而泄天宝者，重违先师之戒，其不干造物之怒，而自取祸咎者，几希矣"。——所谓术家之求超越"当下"者，亦不得不回到"当下"，以"当下"之法度伦理，求得幸福可靠的人生。

《地理辨正》最后一篇为《都天宝照经》，亦分为上、中、下三卷。上卷为：

杨公妙诀不多言，实实作家传。人生祸福由天定，贤达能安命。贫贱安坟富贵兴，全凭龙穴真。龙在山中不出山，挂在大山间。若是沙曲星辰正，收得阳神定。断然一葬便兴隆，父发子传荣。好[1]龙脱劫出平洋，百十里来长。离祖离宗星辰出，此是真龙骨。前途节节出儿孙，文武脉中分。直见大溪方住手，诸山皆不走。个个回头向穴前，城郭要周全。水口乱石堆水中，此地出豪雄。若得远来龙脱劫，发福无休歇。穴见阳神三摺朝，此地出官僚。不问三男并五子，富贵房房起。津湖溪涧同此看，衣禄荣华断。大水大河齐到处，千里来龙住。水口罗星锁住门，似大将屯军。落头定有一星形，非火土即金。正脉落平三五里，见水方能止。二水相交不用砂，只要石如麻。更看磷[2]石高山锁，密密来包裹。此是军州大地形，细说与君听。天下军州总住空，何曾

----

[1] 亦作"老"。
[2] 亦作"硖"。

撑着后头龙。只向水神朝处取，莫说后无主。立穴动静中间求，须看龙到头。杨公妙诀无多说，因见黄公心性拙。全凭掌上起星辰，类聚装成为妙诀。大山唤作破军星，五星所聚脉难分。但看出身一路脉，到头要分水土金。又从分水脉脊处，便把罗经照出路。节节同行过峡真，前去必定有好处。子字出脉子字寻，莫教差错丑与壬。若是阳差与阴错，劝君不必费心寻。子癸午丁天元宫，卯乙酉辛一路同。若有山水一同到，半穴乾坤艮巽宫。取得辅星成五吉，山中有此是真龙。辰戌丑未地元龙，乾坤艮巽夫妇宗。甲庚壬丙为正向，脉取贪狼护正龙。寅申巳亥人元来，乙辛丁癸水来催。更取贪狼成五吉，寅坤申艮御门开。巳丙宜向天门上，亥壬向得巽风吹。贪狼原是发来迟，坐向穴中人未知。立宅安坟过两纪，方生贵子好男儿。立宅安坟要合龙，不须拟对好奇峰。主人有礼客尊重，客在西分主在东。

后世理气派术家认为此上卷为总结排龙诀，但在蒋平阶所注中，一方面从山龙、水龙来谈形势，一方面也以阴阳雄雌谈理气，两者并不偏废。例如，他认为山龙真结必对尊星，而后出脉，或回龙顾祖，或枝干相朝，先有主峰，乃始结穴，故必以朝山为重，非重朝山，正重本身出脉真伪；平洋既无来落，但以水城论结穴，水自水，山自山，只从立穴处消详堂局，收五吉之气，谓之合龙，而不以朝山为正案——这就主要是从形势的角度来谈。又认为，末二句是精微玄妙之谈，所谓主客又不止于论向，而指龙为主人，向为宾客。主客犹云夫妇，实指阴阳之对待，山水之交媾；一刚一柔，一牝一牡，玄窍相通；有此客便有此主，主客虽云二物，实一气连贯，如影随形，一息不离——这又主要是以理气角度来谈。此处蒋平阶所论阴阳雄雌，与蔡西山有不谋而合之处。如蔡西山谈雌雄，以为"雌雄者言乎其配合也。夫孤阳不生，独阴不成，天下之物莫不要相配对。地理家以雌雄言之，大概不过相对待之理"[1]，即是此主客夫妇之意。

中卷为：

天下军州总住空，何须撑着后来龙。时人不识玄机诀，只道后头少撑龙。大凡军州作[2]空龙，便与平洋墓宅同。州县人家住空龙，千军万马悉能容。分明见者犹疑虑，龙不空时非活龙。教君看取州县场，尽是空龙拨摆踪。莫嫌远来无后龙，龙若空时气不空。两水界龙连生窟，穴得水何畏风。但看古来卿相地，平洋一穴胜千峰。子午卯酉四山龙，坐对乾坤艮巽宫。莫依八卦阴阳取，阴阳差错败无穷。百二十家渺无诀，此诀玄机大祖宗。来龙须要望龙穴，后若空时必有功。帝座帝车并帝位，帝宫帝殿后当空。万代王侯皆禁断，予今隐出在江东。阴阳若然得遇此，蚯蚓逢之便化龙。子午卯酉四山龙，支兼干出最豪雄。乙辛丁癸单行脉，半吉之时又半凶。坐向乾坤艮巽位，兼辅而成五吉龙。辰

---

[1]〔宋〕蔡元定：《发微论·雌雄篇》，《四库全书》子部七《术数类》三。
[2] 亦作"住"。

蒋平阶研究

戌丑末四山坡，甲庚壬丙葬坟多。若依此理无差谬，清贵声名天下无。为官自有起身路，儿孙白屋出登科。八卦不是真妙诀，时师休把口中歌。败绝只因用卦差，何见依卦出高官。阴山阳水皆真吉，下后儿孙祸百端。水若朝来须得水，莫贪远秀好峰峦。审龙若依图诀葬，官职荣华立可观。玄机妙诀有因由，向指山峰细细求。起造安坟依此诀，能令发福出公侯。直向支山寻祖脉，干神下穴永无忧。寅申巳亥骑龙走，乙辛丁癸水交流。若有此山并此水，白屋科名发不休。昔日孙钟扦此穴，从此声名表万秋。来龙须看坐正穴，后若空时必有功。州县官衙为格局，必然清显立威雄。范蠡萧何韩信祖，乙辛丁癸足财丰。亥壬丰隆兴祖格，己丙旺相一般同。寅申巳亥等五吉，乙辛丁癸四位通。紫绯画锦何荣显，三牲五鼎受王封。龙回朝祖玄字水，科名榜眼及神童。后空已见前篇诀，穴要钳窝脉到宫。试看州衙及台阁[1]，那个靠着后来龙。砂揖水朝为上格，罗城拥卫穴居中。依图取向无差误，不是王侯即相公。天机妙诀本不同，八卦只有一卦通。乾坤艮巽躔何位，乙辛丁癸落何宫。甲庚壬丙来何地，星辰流转要相逢。莫把天罡称妙诀，错将八卦作先宗。乾坤艮巽出官贵，乙辛丁癸田庄位。甲庚壬丙最为荣，下后儿孙出神童。未审何山消此水，合得天心造化工。五星一诀非真术，城门一诀最为良。识得五星城门诀，立宅安坟定吉昌。堪笑庸愚多慕此，妄将卦例定阴阳。不

---

[1] 亦作"州县官衙及台阁"。

向龙身观出脉，又从砂水断灾祥。筠松宝照真秘诀，父子虽亲不肯说。若人得遇是前缘，天下横行陆地仙。世人只爱周回好，不知水乱山颠倒。时师但云讲八卦，却把阴阳分两下。阴山只用阳水朝，阴水只用阳山照[1]。俗夫不识天机妙，自把山龙错颠倒。胡为乱作害世人，福未到时祸先到。阳若无阴定不成，阴若无阳定不生。阳水阴山相配合，儿孙天府早登名。都天大卦总阴阳，玩水观山有主张。能知山情与水意，配合方可论阴阳。都天宝照无人得，逢山踏路寻龙脉。前头走到五里山，遇着宾主相交接。欲求富贵顷时来，记取筠松真妙诀。天有三奇地六仪，天有九星地九宫。十二地支天干十，干属阳兮支属阴。时师专论这般诀，误尽阎浮世上人。阴阳动静如明得，配合生生妙处寻。

术家认为《都天》先说排龙，继说安星，下卷则说山水形势，兼谈收山出煞之秘。蒋注此卷，虽有各种术数家言，然主要以《易》为根基，强调"阴阳"之义。如谈"都天大卦"："都天大卦岂有他哉，总不过阴阳而已。真阴真阳，只在山水上看；而玩水观山，须胸中别自有主张。此主张非泛泛主张，乃乾坤真消息，所谓天心是也。……不知世人所谓情意，非真情意也。识此情意，则是阴阳便成配合；青囊万卷，尽在个中。"又说："孤阳不生，独阴不长，此天地生成至当不易之理也。配合，即阳水阴山，阴

---

[1] 亦作"收"。

山阳水，交互相生，来往皆春，此真配合也，"此阴阳之义，便直接用《易》之本义。

下卷为：

寻得真龙龙虎飞，水城屈曲抱身归。前朝旗鼓马相应，下后离乡着紫衣。乙字水缠在穴前，下砂收锁穴天然。当中九曲来朝穴，悠扬潴蓄斗量钱。两畔朝归穴后歇，定然龙在水中蟠。若有声为数钱水，催官上马御阶前。安坟最要看中阳，宽抱明堂水聚囊。出夹结成玄字样，朝来鸾凤舞呈祥。外阳起眼人皆见，乙字弯身玉带长。更有内阳坐穴法，神机出处觅仙方。水直朝来最不祥，一条直是一条枪。两条名为插胁水，三条即是三刑伤。四水射来为四杀，八水名为八杀殃。直来反去拖刀杀，徒流客死少年亡。时师只说下砂逆，祸来极速怎堪当。墚圳路街如此样，亟宜迁改免灾殃。前水来朝又摆头，淫邪凶恶不知羞。乾流自是名绳索，自缢因公败可忧。左边水反长男死，右边水射小儿亡。水直若然当面射，中男离乡死道旁。东西南北水射腰，房房横死绝根苗。贪淫男女风声恶，曲背驼腰家寂寥。左边水反长男绝，离乡忤逆皆因此。右边水反小儿伤，风吹妇女随人走。当面水反中男当，断定二房有损伤。左右中反房房绝，切忌坟茔遭此劫。一水裹头名断城，下之虽发未为荣。儿孙久后房房绝，水到砂收反主兴。茶槽之水实堪忧，莫作荫龙一例求。穴前太逼割唇脚，不见荣兮反见愁。玄武摆头有多般，未可慳然执一端。或斜或侧或正出，须凭直节对堂安。摆头直出是分龙，须审何家龙脉踪。大山出脉分三诀，未许专将一路穷。家家坟宅后高悬，太阳不照太阴偏，必主其家多寂寞，男孤女寡实堪怜。贪武辅弼巨门龙，方可登山细认踪。水去山来皆有地，不离五吉在其中。破禄廉文凶恶龙，世人坟宅莫相逢。若然误作阴阳宅，纵有奇峰到底凶。本山来龙立本向，返吟伏吟祸难当。自缢离乡蛇虎害，作贼充军上法场。明得三星五吉向，转祸为祥大吉昌。龙真穴正误立向，阴阳差错悔吝生。几为奔走赴朝廷，才到朝廷帝怒形。缘师不晓龙何向，坟头下了剥官星。寻龙过气寻三节，父母宗枝要分别。孟山须要孟山连，仲山须要仲山接。干奇支偶细推详，节节照定何脉良。若是阳差与阴错，纵吉星辰发不长。一节吉龙一代发，如逢杂乱便参商。先识龙脉认祖宗，蜂腰鹤膝是真踪。要知吉地行龙止，两水相交夹一龙。夫妇同行脉络明，须认刘郎别处寻。平洋大水收小水，不用砂关发福人。水口石似人物形，定出擎天调鼎臣。龙若直来不带关，支兼干出是福山。立得吉向无差错，催禄催官指日间。乾坤艮巽脉过凹，节节同行不混淆。向对甲庚壬丙水，儿孙列土更分茅。仲山过脉不带关，三节山水同到前。断定三代出官贵，古人准验无虚言。发龙多向支神取，若是干神又不同。支若载干为夫妇，干若带支是鬼龙。子癸为吉壬子凶，三字真假在其中。乾坤艮巽天然穴，水来当面是真龙。要识真龙结真穴，只在龙脉两三节。三节不乱是真龙，有穴定然奇妙绝。千金难买此玄文，福缘遇者毋轻泄。依图立向不差分，荣华富贵无休

蒋平阶研究

歇。时师不明勉强扦，虽发不久即败绝。一个星辰一节龙，龙来长短定枯荣。孟仲季山无杂乱，数产人龙上九重。节数多时富贵久，一代风光一节龙。

蒋平阶注此节，认为上、下二卷，历叙山龙平洋龙正变之旨，"下篇所言，不过前篇余义，而错杂言之，无有条贯，每章各论一事，文无承接，义无照应，浅者极浅，深者极深"。细读此卷，确实啰唆繁琐，逻辑不清。就堪舆方法而言，又实有许多形家的话语，并非全然理气家所言。

总体来看，蒋平阶所辑注《地理辨正》，都围绕如何择地来谈；后世认为他主要以玄空理论来注解《青囊》五篇。"玄空地理"为堪舆术中较为重要的一个理论，近世以来流派大小不下百家，各派主要区别在于飞星顺逆和排龙方法之异。蒋平阶认为其起始，"不始于杨公，盖郭景纯先得青囊之秘，演而立之，直追周公制作之精意也"。[1] 所谓"玄空"，诸家解释不一。蒋平阶认为"玄空"之意，出自以无形求有形，以阳气求阴气之源，如"金龙本在江南，而所望之气脉，反在江北；金龙本在江西，而所望之气脉，反在江东。盖以有形之阴质，求无形之阳气也。杨公看雌雄之法，皆从空处为真龙，故立其名曰大玄空"。[2] 沈竹礽则以为："玄空二字，传亦久矣。诸子百家解此二字甚多，皆未得当。杨子

---

[1] 蒋平阶注《青囊序》"晋世景纯传此术，演经立意出玄空"一句。
[2] 蒋平阶注《青囊序》"江南龙来江北望，江西龙去望江东"一句。

《法言》曰：玄者，一也。此系明解。至'空'一字，尤为难解。然空非真空，空中亦有所凭蕴。天竺学者言：色不异空，空不异色。色即是空，空即是色。受想行识，亦复如是。则空非凭藉于五蕴不可也。既凭借五蕴，是空即有物矣。此西方圣人与东方圣人之理同也。然空之凭借即窍也。窍有九，故曰九窍。是玄空二字，自一至九之谓。然一至九非定数也，有错综参伍存乎其间，故以玄空二字代之。"[1]是将术数家的玄空概念与佛家思想连接起来。又云："随运而易，所谓玄空是也。"[2]又是把《易》学中的"变易"思想来解释玄空。有人将"三元玄空地理"定义为："它以时空分三元九运，以洛书九宫飞布九星，将宅地配合元运，挨排运盘、山、向、九星，然后以宅地形势布局，结合周围山水环境而论旺衰吉凶。"[3]目前较为常见的玄空基本方法，就是通过特定的规则择地之后，以各宫的数字生克变化，来判定此地的吉凶衰旺。

今据术家流行之说，把蒋平阶三元玄空理论略述如下：

择地的第一个步骤是排龙。简单而言，就是以山的对面为向，或三叉水为向，以山的对面或三叉水起破军，按照顺时针依次按照破军、右弼、廉贞、破军、武曲、贪狼、破军、左辅、文曲、破军、巨门、禄存的顺序或按照逆时针（次序一样）依次排定方

[1]［清］沈竹礽：《沈氏玄空学》，中央编译出版社2011年版，第20页。
[2]［清］沈竹礽：《沈氏玄空学》，中央编译出版社2011年版，第24页。
[3] 郑逸：《图解沈氏易学》，陕西师大出版社2010年版，第38页。

蒋平阶研究

位。排顺时针和逆时针的原则，是看二十四山的阴阳属性。十二地支都属阴要顺时针，其余十二位逆时针。排龙之后，便可知哪一个方向可用，哪一个方向不可用。

第二个步骤是开始安星。玄空安星有两种情况：一是正卦，二是替卦。正卦不用兼向的顺飞或逆飞，替卦要用兼向的顺飞和逆飞。根据后天八卦方位，二十四山每三山归属一卦，分别是：正北方，壬子癸三山，坎卦。东北方，丑艮寅三山，艮卦。东方，甲卯乙三山，震卦。东南方，辰巽巳三山，巽卦。南方，丙午丁三山，离卦。西南方，未坤申三山，坤卦。西方，庚酉辛三山，兑卦。西北方，戌乾亥三山，乾卦，即所谓的"一卦管三山"。另外，又将每一卦下面的三山分别以天地人安排，叫作天元龙、地元龙、人元龙。从阴阳属性来讲，天元龙与人元龙同性，天元龙、人元龙与地元龙异性。根据罗经的刻度来细分，每一山下面，还分为五格。一般而言，中间三格为正向，不需要替卦，如果偏离了一定的刻度，到了左右两边的刻度中，就有可能兼向需要替卦（兼向）。安星的第一步，是根据阳顺阴逆来安排。如果遇到的是阳，则为顺时针方向；如果遇到的是阴，则为逆时针方向。第二步是根据河图洛书的数字规则来安排元旦盘。按照玄空学的原则，将时间划分为上、中、下三元，每一个元有九运，每一运是 20 年，每一元 60 年，三元九运就是 180 年。上元是一、二、三运，中元是四、五、六运，下元是七、八、九运。每一运，都有不同的元旦盘。元旦盘不分阴阳，皆顺飞。第三步是根据二十四山向的阴阳再分别顺逆飞星，排出山星向星。如果遇到兼向的情况，就用替星的口诀来排山向。不过，玄空学本身流派甚多，如骆氏玄空学、沈氏玄空学，等等。各派具体操作并不相同，甚至截然相反。如骆氏就认为其挨星法看起来似乎与沈氏挨星类似，其实大有差异。其中主要的差异有三：其一，天元山与人元山或地元山入中之数不一定相同；其二，兼向不同则顺逆不同；其三，兼向不同则起星不同。其中具体方法的差异此不赘述。

安星之后，再根据情况进行判断分析。玄空法对此有着一套复杂、微妙的解说方式，如到山到向、上山下水、北斗打劫、反吟伏吟、令星入囚、零神照神等。如果从最简单的角度来理解，玄空的实质是依照安星之后，将一二三四五六七八九等数字分布在不同方位，每一个方位有着三个数字不同的组合，然后根据数字的"象征"和"隐喻"，将它们的关系进行分析，得出吉凶生旺的判断。

在挨星之后，接下来的就是要根据不同的情况来安排房屋的造型，即所谓的"收山出煞"。"收"，即宜收敛；"出"，即宜泄出。例如中州派认为，二十四山中，有十四山线上的建筑物应该按照出煞的类型建造，其余十山应按照收山的类型建造。如丑、艮、寅、乙、辰、午、丁、未、坤、申、辛、戌、子、癸十四山向，宜建造成开畅、明亮的建造，不宜收敛、隐蔽。其余乾、亥、壬、巽、甲、卯、巳、丙、庚、酉十山向，宜建造隐蔽、收

　　　　　　　　　　　　　　　蒋平阶研究

敛的建筑。不过，收山出煞诀仅说明二十四山在营造建筑物之时的各自优势，并不意味着完全要一成不变地照此而行，在具体的建造中，应该根据实际的外局而设计。比如，如果处于收山线的建筑物，实际的外局却更适合于出煞的建筑风格，此时更当以出煞而定。再比如，如果建造的大型商场或公共建筑，虽然也处于收山线之上，但从它的功能来讲，也应设计为出煞的风格。至于担心与收山原则有冲突，则可以从门向等方面进行弥补。从渊源而言，在《天玉经》最后一章中就提到"收山出煞"："更有收山出煞诀，亦兼为汝说。"蒋平阶注《都天宝照经》就认为："一部宝照经，不下数千言，皆半吞半吐，至此忽然漏泄。盖阴阳大卦，不过八卦之理，而篇中乃云八卦不是真妙诀者，正为不得真传，不明用卦之法故也。而其所以不明用卦之法者，皆因泛言八卦，而不知八卦之中，止有一卦可用故也。大五行秘诀，不过能用此一卦，即从此一卦流转九星，便知乾坤艮巽诸卦落在何宫，二十四干支落在何宫，而或吉或凶，指掌了然矣。"章仲山在《地理辨正直解》中则认为："一卦者，一元一卦，即天心正运之一卦也。能用此一卦，则知乾坤艮巽落在何宫，二十四干支躔在何地，或阴或阳，或顺或逆，或左或右，指掌了然矣。"而骆氏玄空派"收山出煞"之法，则是排山时将山的三阳星放在来龙、坐山或高处，将三阴星放于水中或低处。另外还有流派认为，"收山"不过是承旺方之气，"出煞"不过是在煞方放置风水物化解而已。因此可见，目前对"收山出煞"这一概念各流派有着不同的理解，意见并不统一。

　　归纳起来，玄空家的实践方法一般有三个步骤：其一，排龙，确定可用之地。其二，挨星，寻求最佳的方位。其三，收山出煞，设置合理的布局。以此三步，便可将某地从方位设置、山向组合、形状布局等进行"趋吉避凶"。一般认为，蒋平阶辑录的《地理辨正》便是此方法的集大成者；不过，后世不同术家流派对蒋氏之辑注有不同的理解，此不赘述。

第五章

《水龙经》与《阳宅指南》

蒋平阶在后世具有代表性的作品除《地理辨正》外，尚有《水龙经》《阳宅指南》等。前者是蒋氏辑录的平洋水法巨作，后者是其撰述的住宅原则。近常见文化研究、建筑规划、美学等研究者，引《水龙》《阳宅》两书谈论相关问题，此可见两部著作在今天依旧有值得借鉴的地方。今就两书相关内容概述如下。

一、《水龙经》及相关问题

　　蒋平阶辑《水龙经》，盖成书于清康熙初，大致在庚熙二年（1623年）仲冬之月。

　　《水龙经·阴阳宅》"上下卷总论"提及："庚子春，借吾友余晓宗，遇同郡邹子所，客有以《水龙经》一卷见示。与予所藏，大同小异。"此庚子年为明永历十四年、清顺治十七年，可见此时蒋平阶已收藏有《水龙经》一书。《水龙经·序》云："未几，又得《水龙经》若干篇，乃叹平阳龙法，未尝无书，但先贤珍重，不肯漫泄于世尔。因无刊本，间有字句之讹用，加校雠诠次成书，编成五卷。……时天启下元甲子越四十年岁次癸卯，律中黄钟，后学杜陵蒋平阶大鸿氏题于丹阳之水精菴。"可见此时平阶已辑录完成《水龙经》五卷。《水龙经》故宫钞本序中落款"时天启下元甲子越四十年岁次癸卯律中黄钟后学杜陵蒋平阶大鸿氏题于丹阳之水精庵"，"借月山房汇钞"本序中落款为"杜陵蒋平阶大鸿氏题于丹阳之水精庵"，无甲子岁次癸卯之句，"指海"本序中落款"时天启下元甲子岁次癸卯杜陵蒋平阶大鸿氏题于丹阳之水精庵"，

"古今图书集成"本序中落款为"时下元癸卯杜陵蒋平阶大鸿氏题于丹阳之水精庵",可见《水龙经》之编撰当不晚于癸卯年。天启下元甲子为1623年,越四十年,为1663年癸卯年,即明永历十七年、清康熙二年。律中黄钟,乃指仲冬之月。序中平阶依然用明天启纪年,可见此时仍心系大明。另,南京图书馆有《水龙经一卷》,为万历三十二年钞本,可见蒋平阶辑《水龙经》之前便有诸种传本于世;蒋平阶卷五叙中所言"过同郡邹子所客有以《水龙经》一卷见示,考究其年次应在万历中年",或即此本耶?

蒋平阶所辑《水龙经》被誉为"相水第一书",以专论水之形态吉凶取舍而著称,为古今水法集大成者。其影响极大,版本众多,较为知名的便有地理一贯本、古今图书集成本、借月山房本、咸丰刻本、道光刻本、光绪刻本、清抄本、指海本等,各本颇有差异。今以流传较广的"集成"本、"山房"本、"指海"本、今人整理的"故宫"本[1]互为参照,试论相关问题。

第一,不同版本的体例问题。诸本体例安排具体如表5所示:

表5 诸本体例安排

版 本	目 次	内 容
古今图书集成本	卷一	序(署杜陵蒋平阶大鸿氏)
		总论一
		气机妙运
		自然水法
		干水散气等六十二图

---

[1] 此本为李峰注解《故宫珍本丛刊·水龙经》,海南出版社2003年版。

（续表）

版　　本	目　　次	内　　　容
古今图书集成本	卷二	总论二
		论枝干等二百二十四图
	卷三	卷三
		水钳赋
		总论三
		"龙额藏珠贤辅所生"等三十六图
		总论四
		"六建"等五十二图
	卷四	总论五
		"金星城"等一百八十七图
		统论
		水龙寻脉歌
	卷五（缺）	
借月山房本	秘传水龙经题序	程慕衡题序
	秘传水龙经序	署杜陵蒋平阶大鸿氏
	卷之一	总论
		气机妙运论
		自然水法歌
		十八格图（干水城垣格等）
	卷之二	总论
		郭景纯水钳赋
		星钤篇
		星钤三十六图（在传心刻本卷中未载）

第五章　《水龙经》与《阳宅指南》 177

版 本	目 次	内 容
借月山房本	卷之三	总论
		水群肖象格说
		诸格五十八图
	卷之四	总论
		论枝干（二图）
		论五星（四十七图）
		论四兽（三十九图）
		论形局（四十五图）
		论异形（八十一图）
		论池沼井桥（十三图）
	卷之五	叙（署杜陵中阳子蒋平阶大鸿氏）
		原书总论
		水龙寻脉歌
		诸格一百八十七图
	附录	曹瑛跋、张海鹏识
指海本	序	署杜陵蒋平阶大鸿氏
	卷之一	总论
		气机妙运论
		自然水法歌
		十八格图（干水城垣格等）
	卷之二	总论
		郭景纯水钳赋
		星铃篇
		星铃三十六图

版　　本	目　次	内　　容
指海本	卷之三	总论
		水群肖象格说
		诸格五十八图
	卷之四	总论
		论枝干（二图）
		论五星（四十七图）
		论四兽（三十九图）
		论形局（四十五图）
		论异形（八十一图）
		论池沼井桥（十三图）
	卷之五	叙（署杜陵中阳子蒋平阶大鸿氏）
		原书总论
		水龙寻脉歌
		诸格一百八十七图
	跋	仲锡之跋
故宫钞本	序	署杜陵蒋平阶大鸿氏
	卷一	总论
		气机妙运论
		自然水法歌
		分论
		干水城垣格诸图
	卷二	分论
		远朝幸秀格诸图

版　　本	目　　次	内　　容
故宫钞本	卷三	总论
		分论
		杂论
		论枝干
		论五星、四兽、形局、兜抱、异形等诸图
	卷四	总论
		口诀
		分论
		论抄估、象形、双龙格、池沼格等诸图
	卷五	总论
		水钳赋
		分论
		华盖星等诸图
	续水龙经卷一	总论
		水龙寻脉歌
		水群肖象格说
		分论
		六建格诸图
	续水龙经卷二	卷二、卷三总论
		分论
		飞龙抢水格诸图
	续水龙经卷三	分论
		游鱼戏水格诸图

版　　本	目　　次	内　　　容
故宫钞本	续水龙经卷四	总论
		分论
		无名九种诸图
		聚砂局诸图
	水龙经阴阳宅上卷	上、下卷总论（署杜陵中阳子蒋平阶大鸿氏）
		分论
		金星城格诸图
	水龙经阴阳宅下卷	分论
		聚水龙格诸图
	整理者后记	

其体例之异同，由上可知。除今人所注解"故宫"钞本所录《续水龙经》《水龙经阴阳宅》他本无，其余大致相同。对于此书体例，蒋平阶于序言中有大致说明："一卷明行龙结穴大体、支干相乘之法，二卷述水龙上应天星诸格，三卷指水龙托物比类之象，四卷明五星正支穴体吉凶大要，五卷义同四卷而纵横言之。"[1] 至于此书的来源，蒋平阶也在序中提及："一三四卷得之吴天柱先生，二卷得之查浦故宦家，五卷觅之吾郡，最后得。作者姓名

---

[1] 此序各本略有不同。"指海"本、"借月"本序皆作："一卷明行龙结穴大体、支干相乘之法，二卷述水龙上应天星诸格，三卷指水龙托物比类之象，四卷明五星正支穴体吉凶大要，五卷义同四卷而纵横言之。""古今图书集成"本序作："一卷明行龙结穴大体、支干相乘之法，二卷明五星正变、穴体吉凶审辨之法，三卷述水龙上应星垣诸大格，四卷指水龙托物比类之象，五卷申言。""故宫"本序作："一卷明行龙结穴大体、支干相乘之法，二卷明五星正变、穴体吉凶审辨之法，三卷述水龙上应星垣诸大格，四卷指水龙托物比类之象，五卷意同二卷而纵横言之。"

或有或无，其言各擅精义互见得失，合而观之，水龙轨度无逾此矣。"[1]

第二，辑注此书的主要目的。

依蒋平阶自序所言，辑注此书的目的大抵有二：其一，大部分人只知道山龙之妙，而不知道水龙之奇，故而辑书而申明水龙之法及其来由。其二，地理之书真伪杂糅，惑乱世人，故而整理正诀，以辨是非。如在《水龙经》序中，蒋平阶便说："自鸿蒙开辟以来，山水为乾坤二大神器，并雄于天地之间。一阴一阳，一刚一柔，一流一峙，如天覆地载，日旦月暮，各司一职。后世地理家罔识厥旨，第知山之为龙，而不知水之为龙。即有高谈水法者，亦唯以山为体，以水为用。至比之兵之听将，妇之顺夫。于是山之名独尊，而水之权少绌，遂使平阳水地，皆弃置水龙之真机而附会山龙之妄说。举世茫茫有如聋聩，此非杨曾以来未晰此义也。古人不云乎：'行到平洋莫问龙，只看水绕是真龙。'又云：'平阳大地无龙虎，茫茫归何处；东西只取水为龙，扦著出三公。'其言之晓畅条达，彰彰在人耳目间，人自不之察耳。至其裁制格法实鲜专书，发挥未备。卒使学者面墙，无径可入。……予不揣固陋，欲为后此通人彦士执辔前驱。因无极之传发抒要妙，尽泄杨公之诀，俾荡然大辟，以山龙属之高山，以水龙属之平壤，二

---

[1] "借月"本、"指海"本序皆相同。"集成"本则云："二卷、五卷、四卷得之吴天柱先生，三卷得之乍浦，五卷最后得之我郡。""故宫"本云："一二四卷得之吴天柱先生，三卷得之乍浦故宦家，五卷最后得之我郡。"可见各卷来源说法不一，然大体相同，皆得之吴天柱、乍浦、绍兴等处。

法判然而不相合，不惮大声疾呼，以正告天下有识之士间亦信之，从来迷谬于焉洞豁。"这里主要说明，一是世人只知山龙，不知水龙；二是山龙与水龙同样重要，但世间一般不明水龙的重要；三是世间少见论水龙之书，故在此不揣鄙陋，将所得之法公诸于世。除此之外，蒋平阶还提及此书并非无稽之谈，而是有其来历："予虽自喜其阐明之非偶，而且恐恐焉惧冒阴阳之愆，又何敢贪天之功以为己力也。方予初传水龙之法，求之古今文献，茫无显据。及得幕讲禅师《玉镜经》《千里眼》诸书，于入穴元机始有符契。未几，又得《水龙经》若干篇，乃叹平阳龙法未尝无书，但先贤珍重，不肯漫泄于世尔。……经之为名，不可漫加，兹故因而不革。实可藏之金匮石室，与《青囊》、《狐首》并共垂不朽。"[1] 此谈《水龙经》并非空穴来风，与传说中元末目讲（幕讲）僧之法有渊源；后得其书，因而弥足珍贵，堪与《青囊经》《狐首经》等并重。

在"指海"本卷五叙中，蒋平阶亦说："地理之书，真伪杂糅。山龙犹有善本，平洋只字不传。世本纷纷，类皆不知妄作。俗士冈察，谬以高山龙法与平地同论。遂使安坟立宅，尽失其宜。中格合符，百无一遇。固天机之秘，惜亦俗术之误人。顾此茫茫，可胜悲惋。予自得无极真传，洞悉高山平地阴阳二宅秘旨。曾有《水龙经》一书，藏之名山，未敢轻泄人世。庚子春，偕吾友余晓

---

[1] 引文据"借月"本。"集成"本有所不同，文字稍嫌简略。

宗过同郡邹子所，客有以《水龙经》一卷见示，与予所藏大同小异。披览之余，深叹三百年绝学，竟有从推测中得其梗概者。是书不知何人所著，考究其年次，应在万历中年。大抵江湖术士，历览已成之绩，不拘牵于俗论而自抒其所见有。如此虽犹未究精微之蕴，然亦可谓绝伦敏妙之才矣。"此处亦说明了其书来由及意义。

第三，此书所谈重点。

《水龙经》所讲的重点在其题目已点明，即重点谈"水龙"之法。不过要谈"水龙"，先要讲明何为风水家眼中的"龙"。所谓龙者，乃一比喻，昔堪舆家以"山"喻"龙"由来已久，视山脉逶迤、峰峦连绵而以龙形喻之，[1] 如据称为杨筠松所著《撼龙经》《疑龙经》是为代表，将山脉谓之"龙"。[2]《四库全书总目提要》云："《撼龙经》专言山垅落脉形势，……《疑龙经》上篇言干中寻枝，以关局水口为主；中篇论寻龙到头，看面背朝迎之法；下篇论结穴形势，附以疑龙十问，以阐明其义。"如其认为昆仑山为中国诸山起源，是天地根骨，如脊背向四面八方延伸，形成东西南北四派，所谓"昆仑山[3] 是天地骨，中镇天地为巨物。如人背

---

[1] 堪舆家以人物、飞禽、走兽等喻山川河流最为常见，如《汉书·艺文志·形法序》就说："形法者，大举九州之势以主城郭室舍，形人及六畜骨法之度数、器物之形容，以求其声气贵贱吉凶。"故以龙喻山水，亦属常见。
[2] 对杨筠松是否为《撼龙》《疑龙》作者，《四库全书总目提要》云："案陈振孙《书录解题》有《疑龙经》一卷，《辨龙经》一卷，云吴炎录以见遗，皆无名氏，是此书在宋并不题筠松所作，今本不知何据而云然。其《撼龙》之即《辨龙》与否，亦无可考证。然相传已久，所论山川之性情形势，颇能得其要领，流传不废。亦有以也。"
[3] 亦作"须弥山"。

脊与项梁，生出四肢龙突兀"，"大率行龙自有真，星峰磊落是龙身"，皆以"龙"喻"山"。又称"惟有南龙入中国，胎宗孕祖来奇特。黄河九回为大肠，川江屈曲为膀胱。分肢擘脉纵横去，气血勾连逢水往。大为都邑帝王州，小为郡县君公侯。其次偏方小镇市，亦有富贵居其中"[1]，是将"龙"的形态与具体的城镇聚落联系起来。

署名元邢州刘秉忠述、明青田刘基解的《平砂玉尺经》也以崇山峻岭谓之"干龙"，称："万山一贯，起自昆仑。山龙之散见于地，虽有千万之多，而其龙脉，皆出于昆仑"，"东南巳巽行龙，出身行十一万九千六百五十里入海……寅艮行龙，出身八万四千一百里入海……甲卯行龙，行八万一千五百六十里，止于伊洛瀍涧之交"，并认为伏羲、神农、汤、西周、秦、汉、唐等皆建都于甲卯行龙（中干龙）上；黄帝、尧、舜、禹、元、西夏、明、清等皆建都于寅艮行龙（北干龙）上；三国蜀、宋、明等皆建都于巽巳行龙（南干龙）上[2]。

徐善述、徐善继兄弟在《地理人子须知》亦以"山"为"龙"，如："龙居地理四科之首，堪舆家莫要于论龙。论龙而不知天下大干，则所见者近而不远，所究者浅而不深，所窥者狭而不广，乌乎可哉？故首论天下大干龙，庶几识其大者。"[3]

---

［1］ 四库全书·子部七《术数类》三，《相宅相墓之属》。
［2］ 署［元］邢州刘秉忠述、［明］青田刘基解《平砂玉尺经·审势篇》，上海广益书局石印本。
［3］ ［明］徐善继、徐善述：《地理人子须知》卷一，明文盛堂藏版。

以上足见堪舆家大多以"山"为"龙",传统堪舆亦重"山"轻"水"。窃以为此与堪舆之法源出中原有关,中原多山而少水,故而重山不重水。虽然古之堪舆书也偶有以"水"为"龙"者,如《黄帝宅经》:"黄帝问地典曰:何为青龙、白虎、朱雀、玄武?地典答曰:左有南流水为青龙,右有南行大道为白虎,前有污池为朱雀,后有丘陵为玄武",《司马头陀地脉诀》:"东有南流水,是左青龙;西有大道,是右白虎;南有洿池,是前朱雀;北有大丘陵,是玄武",王洙《地理新书》:"宅欲得左有流水,谓之青龙;右有长道,谓之白虎;前有污池,谓之朱雀;后有丘陵冈原,谓之玄武。为最贵地",皆以"青龙"为"流水",但其法都以屋宅定位,根据屋宅周边形势来谈四兽,与后世堪舆家所言的"水龙"并非同一概念。

吴越之地,水多山少,城镇大多依水而成,水与人的关系、水与规划建筑的关系,其重要性不言而喻,故而才有蒋平阶大力提倡"水龙"。

《水龙经》专注于以"水"为"龙","专明水龙支干之理。盖以通行大水为行龙,而谓之干;以沟渠小水为割界,而谓之支;穴法取支不取干,犹之高山起伏、重岩叠嶂之中,反无真结,而老龙发出嫩枝,始有结构也。"[1]此说法影响了后世谈水法者。如王道亨《阳宅集成》就讲:"审龙之法,山与平洋不同,山以大势

─────────────

[1]《水龙经·总论》,"指海"本。

奔驰，左右环抱，风不能吹，乃为有脉有气。故附山民居，皆在弯曲平坦，有兜收处建宅；非如阴坟，有上中下三亭穴法。平洋以得水为主，水来则龙来，水分则龙起，水交则龙止。审龙者，当审其何处发脉，何处入路，或高低起伏，或插滨关气，格定二十四字，何字结穴，则知此地系何龙到头。"[1]此处盖受蒋平阶的启发，将"平洋龙""山龙"作了区分。

第四，《水龙经》的相关观念。

概言之，除传统术数的观点外，此书思想受《易》、太极、阴阳等观念甚深。如"气"的观点，与《地理辨正》中的观点类似，蒋平阶认为，这个世界乃是建立在"气"的基础上，世界最初不过是"气"而已，由"气"而成水，水积而成土，土成而有山川；气是一不是二，它现于外则为水，藏于土则为气。"太始惟一气耳。究其所，先莫先于水，水中滓浊，积而成土。水土震荡，水落土出，山川以成。是以山有耸翠之观，而水遂有波浪之势。《经》云：气者，水之母；水者，气之子。气行则水随，水止则气畜。子母同情，水气相逐，犹影之随形也"，又说："夫气，一也；溢于地外而有迹者为水，行于地中而无形者为气。水其表也，气其里也，内外同流，表里同运，此造化自然之妙用。"[2]同时还认为，"气机之运"犹在于水，预知"气机"，必观"水向"，所谓"故欲知地气之趋东趋西，即水之或

---

［1］［清］王道亨、姚廷銮：《阳宅集成》卷一，中医古籍出版社 2010 年版。
［2］《水龙经·气机妙运论》，"指海"本。

来或去，可以得其概矣。故观气机之运者，必观诸水，然行龙必有水辅，止龙必有水界，行龙气者唯在于水，故察其水之自来，即以知龙气发源之始。止龙气者亦在乎水，故察其水所交会，即以知龙气融结之处，经云，界水则止，又曰，外气横行内气止"[1]。

　　同时，就天地之间的"气"而言，又有阴阳之别；正因为有阴阳之别，天地之间才有雌雄之别、万物生成。"夫天地之气，阴与阳而已。《易》曰：一阴一阳之谓道。又曰：阴阳互藏其宅，动静互为其根，阴阳相嬗，万物化醇。郭子有云：独阳不生，独阴不成。阴阳合德，而生成之功备。"正是因为天地之气分为阴阳，所以山川河流也随之而又阴阳属性，水为阳，山为阴："山脉之峙，水脉之流，各有阴阳。水者阳也，山者阴也，二者交互，不可须臾离也。地脉之行，藉水以导之；地脉之止，藉水以凝之。"水既能导其行，又有凝其止者，其原因也因为阴阳二气的相互融结和交媾。"盖外气既与内气复合，二气相荡而成物，犹夫妇交媾而有生育之功也。阳为雄，阴为雌，阳以畜阴，阴以含阳，即雌雄相会，牝牡相媾之情也；故曰：阴阳相见，福禄永贞；冲阳和阴，万物化生。此天地自然之化机也。合而言之，混沌之体，即万物统体，一太极之妙用；分而言之，随物之物，又万物各具一太极之元奥也。知太极之理，则可以悟化机之妙。知化机之妙，

---

[1]《水龙经·气机妙运论》，"指海"本。

　　　　　　　　　　　　　　　　　　　　蒋平阶研究

则可以语形家之学矣。"[1]

概而言之，在蒋平阶看来，世界无非由"气"而成，亦可称"太极"，乃为一混沌之体。有气方有水，有水则积淀为土，水气相随，如形影不离。气又分阴阳，阴阳交合，万物化生。万物虽各自分别，但归根结底，又是一太极，所谓"一物一太极、万物一太极"，这就是天地自然之化机。知道了这一道理，方能明白地理之学的真谛。

在这里，我们可以看出蒋平阶对前人观点的沿袭，尤其是对宋儒思想的承接。如周敦颐就认为"阳变阴合而生水、火、木、金、土。五气顺布，四时行焉。五行，一阴阳也。阴阳，一太极也。太极，本无极也。五行之生也，各一其性。无极之真，二五之精，妙合而凝。乾道成男，坤道成女，二气交感，化生万物"，朱熹亦说"阴阳，气也"，"一阴又一阳，循环不已，乃道也。虽说一阴一阳，便见得阴阳往来，循环不已之意，此理即道也"。蒋平阶的观点，都没有超越这一范畴。

第五，此书的主要内容。

《水龙经》一书皆谈"水"与"龙"，虽然内容甚多，但一言以蔽之，即是：水的格局和形态可用不可用、是凶还是吉。兹略举如下。

格：《水龙经》论格多种，分为吉格和凶格两类，吉者可用，凶者不可用。就大体而言，总以水绕环抱、气聚水畜为吉，水冲

---

[1]《水龙经·气机妙运论》，"指海"本。

气散、反背无情为凶。如图 4 所示：

名　称	图　示	吉凶/用、不可用
干水城垣格		虽无大害，必不发福矣
水缠玄武格		发福悠长，富贵双全，人丁繁盛，虽二三百年不衰
界水无情格		虽有支水插界，似是而非，虽略发财，久之出人横暴忤逆，主流徙之患，贫败绝嗣，瘟疫自刎，皆刚硬之气所致
顺水界抱格		主发福一二纪，财禄亦不甚厚，人丁虽盛而不秀，小贵而已，河荡中得一砂盖过，不见前水去，乃为可贵，如无小砂盖过，三四十年便见退败
顺水曲钩格		主少年魁元，奕世贵显，鼎盛一时，文章名誉
湖荡聚砂格（亦名踢球式）		主富而且贵，子孙代代荣显，若玄武水倒缠入明堂，竟向前而去，穴宜横受方吉

　　　　　　　　　　　　　　　　　　　蒋平阶研究

名　称	图　示	吉凶 / 用、不可用
流神聚水格		此亦类湖荡聚砂格，本身穴后界水多，内气足
远朝接秀格		或赘婿过房发大贵，或远乡冒姓籍发科甲，于边疆立功业，文人立武业，武人立文业，于他途立名者有之，然局势周密，结气完固，亦主人丁繁盛，累代不绝也
曲水斜飞格		穴之尽可暂发，不能悠久
曲水朝堂格		人丁繁盛，富贵非常，后主迁徙、过继，或易姓离乡也
两水夹缠格		主发文翰清贵，仕而无资，若居山宽大，更得枝水兜插成局，而得水潆，更有回头砂包裹穴场，亦能发财，贵而又富
曲水单缠格		荡前兜后，荡左兜右，又得玄武水绕过穴后，上下包裹，则秀气完固，局势周密，得此形势，必发大福。一水单缠，乃为游龙戏水

图 4　《水龙经》格

四兽:《水龙经》有论玄武朱雀等四兽,俗世以为青龙为吉,白虎为凶,实误。四兽以形局而论,各有吉凶,非泥于名目。略举如图 5 所示:

名　称	图　示	吉凶 / 用、不可用
朱　雀		朱雀之前三水反,男盗女淫无衣饭
玄　武		发福若悠长,水定缠玄武
玄　武		玄武之水似弯环,定宅安坟福禄绵
玄　武		穴后水流两三重,功名悠久世兴隆
玄　武		玄武吐舌水风吹,绝嗣官灾少死随
青龙、白虎		两边龙虎重重抱,富贵双双直到老,若然点穴得其方,状元兼有神童号
青龙、白虎		青龙白虎两分张,败绝流徙死异乡
青　龙		青龙水抱身,此地出官人

名　称	图　示	吉凶 / 用、不可用
青　龙		青龙水抱穴，富贵何须说
青　龙		青龙之上一浜来，此地安坟任点裁， 更得后河多积水，世代儿孙状元才
白　虎		白虎之水抱重重，儿孙发福永无穷

图 5 《水龙经》玄武朱雀

星垣：《水龙经》有论星垣数十图，大抵以水形与星宿之形相比拟，取吉凶定取舍。

名　称	图　示	吉凶 / 用、不可用
华盖星		龙额藏珠，贤辅所生，上应华盖，葬随曲衡
河汉交度星		河汉交度，东西二藩，真穴尊下，近侍官班
天苑星		天府壏簇，曜通天苑，穴点龙睛，名扬翰苑

名　称	图　示	吉凶 / 用、不可用
将军星		虹飞饮海，将军气扬，帷幄内穴，威震边疆
天厨星		天厨玉膳，天皇内厨，鼎釜取穴，珍馐饴肥
文昌星		玉练缠天，上应文曲，穴居剪裁，补衮之职
轸宿		蟠龙饮乳，轸宿所处，穴点京堂，傍为骠骑

图 6 《水龙经》星垣

除此之外，《水龙经》尚有多种形态论述，如诸种城格、形局等，各有不同，但判断方法大抵相同，皆以环抱有情为吉，反背冲射为凶，其法名异而实同。如图 7 所示：

名　称	图　示	吉凶 / 用、不可用
六建格		出神童状元宰相

名　称	图　示	吉凶 / 用、不可用
迎神水局		亦出神童状元
御街水格		御街城最异，宰相公卿地，龙后带奇星，便成天子气
幞头形格		幞头前面流，为官不用忧
金星城格 （金水相生格）		金星如出水，水短方为贵，（墓同），金内水外，贵多富少
金星城格 （金水泛滥格）		金水太纵横，泛滥起风声，穴中多漏气，屡损少年人，富贵虽堪取，无端家自倾，不如为寺观，香火满门庭
水星城格		水城原是太阴精，内外相符是吉星，财禄丰盈人秀丽，翰林魁解有文名，（宅同），水城又见水星来，福禄绵绵有异才，再得金星抱两畔，官高爵显列乌台

图 7　《水龙经》城格、形局等

从上述所列，可见《水龙经》一书其实谈形家之法较多；蒋平阶虽然被后世认为是理气派，但此足见其熟知形家之法。

在此书中，蒋平阶极重形态的好坏，并非全以理气判定吉凶。如其言："平洋之地，以水为龙，……大河类干龙之形，小河乃支龙之体。后有河兜，此即荣华之宅；前逢池沼，允为富贵之家。左右环抱有情，堆金积玉；前后萦回无破，财富田丰。地欲水之有情，喜其回环朝穴。水乃龙之脉也，切忌乎冲射反弓，最嫌激割牵消，多忧少乐。尤怕飞斜逼拗，易富即贫。或水路前朝而立宅，或田圩后抱以安坟。"[1]此即谈形势之法。

概言之，《水龙经》大多以水之形态，与天文星象、地形格局、飞禽走兽、贵重服饰、神话传说等结合起来，并采用民间常用的"象征"和"隐喻"方法，来判定宅地坟墓的吉凶。

---

[1]《水龙经·续水龙经第四卷·总论》，故宫钞本。

蒋平阶研究

二、《阳宅指南》及相关问题

　　蒋平阶专述阳宅的著作，归于其名下的大抵有《阳宅指南》《传家阳宅得一录》《阳宅三格辨》《阳宅补遗》等。阳宅者篇，《阳宅指南》颇具代表性。今以《阳宅指南》为例略论其旨。

　　《阳宅指南》诀前注云：“《天元歌》已有‘阳宅’一篇，畅厥大旨。此卷作于甲子之冬，更补廿年所未备。”[1] 据蒋平阶之生平，此甲子之年应为康熙二十三年（1684 年）。《天元五歌》序后云“顺治己亥日月会于元枵之次，中阳大鸿氏题于会稽之樵风泾”，则“阳宅篇”作于明永历十三年、清顺治十六年（己亥，1659 年），两者相距 25 年左右。《阳宅指南》云“更补廿年所未备”，其所谈内容与《天元五歌·阳宅篇》有一脉相承之处，故而《阳宅指南》也可以作为“阳宅篇”的续补之作来看待。蒋平阶《传家阳宅得一录》书后所记：“岁在丁巳六月蒋平阶大鸿氏撰”[2]，可知此书盖作于康熙十六年（1677 年），时间在《天元五歌·阳宅

---

[1] 　嘉庆丁卯尹一勺注本。下同。
[2] 　嘉庆丁卯尹一勺注本。

篇》与《阳宅指南》之间。

因此，蒋平阶论阳宅之作，时间先后大致为：《天元五歌·阳宅篇》（1659年）、《传家阳宅得一录》（1677年）、《阳宅指南》（1684年）。另有《阳宅三格辨》《阳宅补遗》未知其所撰时间，但据其文字旨意，应不早于《阳宅指南》。

《天元五歌·阳宅篇》文字不多，略800余。所述阳宅之法，"畅厥大旨"而已。全文如下：[1]

人生最重是阳基，却与坟茔福力齐。宅气不宁招祸咎，骨埋真穴贵难期。

建国定都关治乱，筑城置镇系安危。试看田舍丰盈者，半是阳居偶合宜。

阳居择地水龙同，不厌前篇议论重。但比阴基宜阔大，不争秀丽喜粗雄。

大江大河收气厚，涓流滴水不关风。若得乱流如织锦，不分元运也亨通。

宅龙动地水龙裁，尤重三门八卦排。只取三元生旺气，引他入室是胞胎。

一门乘旺两门囚，少有嘉祥不可留。两门交庆一门休，大事欢欣小事愁。

---

[1] 各本文字略有不同。此据善成堂藏版兼参流行本校订。

须用门门都合吉，一家福禄永无忧。三门先把正门量，后门房门一样装。

　　别有旁门并侧户，一通外气即分张。设若便门无好位，一门独出始为强。

　　门为宅骨路为筋，筋骨交连血脉均。若是吉门兼恶路，酸浆入酪不堪斟。

　　内路常兼外路看，宅深内路抵门阑。外路迎神并界气，迎神界气两重关。

　　更有风门通八气，墙空屋缺皆难避。若遇祥风福顿增，若遇煞风殃立至。

　　蠢蠢高高名峤星，楼台殿阁一同评。或在身傍或逼应，能迴八气到家庭。

　　峤压旺方能受荫，峤压凶方鬼气侵。冲峤冲路莫轻猜，须与元龙一例排。

　　冲起乐宫无价宝，冲起囚宫化作灰。宅前逼近有奇峰，不分衰旺也成凶。

　　抬头咫尺巍峨起，泰山压倒有何功。村居旷荡无拦锁，地水兼门一同取。

　　城巷稠居池水润，路风门峤并司权。一到分房宅气移，一门恒作两门推。

　　有时内路作外路，入室私门是握机。当辨亲疏并远近，抽爻换象出神奇。

论屋神祠理最严，故人营室庙为先。夫妇内房尤特重，阴阳配合宅根源。

八宅因门坐向空，三元衰旺定真踪。运遇迁移宅气改，人家兴废巧相逢。

这是周公真八宅，无著大士流传的[1]。天医福德莫安排，谁见游年获福泽。

逢兴鬼绝更昌隆，遇替生延皆困迫。太岁煞神若加临，祸福当关如霹雳。

门内间间有宅神，值神值星交互测。此是游年剖断机，不合三元总虚掷。

九星层进论高低，间架先天卦数推。虽有书传皆不验，漫劳大匠用心机。

山龙宅法有何功，四面山围亦辨风。或有山溪来界合，兼风兼水两相从。

若论来龙休论结，论结藏穴不藏宫。纵使皇都与郡邑，祇审开阳不审龙。

俗言龙去结阳基，此是时师俗见庸。欲取阳居酿家福，山居不及泽居雄。

阴居荫骨及儿孙，阳宅氤氲及此身。偶尔侨居并客馆，庵堂香火有神灵。

---

[1] 易斋补注本注云：无极子，乃无著大士，后称禅师。

关着三元轮转气，吉凶如响不容情。透明此卷天元宅，一到
人家识废兴。

此篇以歌诀形式，谈阳宅断定之法。堪舆术一直有着阴阳二宅
之别，从总体上来看，历史上的堪舆术大多还是以重视阴宅为主。
蒋平阶首先指明，阳宅与阴宅一样重要，甚至比阴宅还重要，它不
但能造福于人，更有利于建国安都。蒋平阶此种重视阳宅的观点，
盖与明清之后的经济发展、个人意识的增强分不开。今人常谓明
中后期资本主义生产关系萌芽，尤其是江南地区商品经济得到了
较大发展，对社会关系有着极大冲击，对生活在此间的个体，亦
有着极大的思想激荡。此种生产关系不可避免地促进了个人意识
的发展，这种个人意识往往体现在普通百姓对现实幸福生活的向
往和积极追求上。《三言》《两拍》等文学作品中多有反映，此不
赘述。这种对现实幸福生活的向往和追求，一定程度反映到对风
水的认识上，其中一个情况即是人们从原来完全重视阴宅对后世
的蒙荫庇护，也开始越来越重视阳宅，希望居住在一个吉利的环
境中，让它能够对当下的、现实的人生带来福气。阴宅之说难以
验证真伪，而阳宅之法真伪立现，所以在民间也一直有"宁修十
坟，不改一门"的说法。蒋平阶之后，也有不少人认同阳宅比阴
宅更重要的观点，如清人张觉正就说："阴宅得吉，死者可以庇
生；阳宅犯凶，生者可以即死。一脉无二理，迟速分缓急'，"抑
知葬者，藏也，先人之骨骸安，子孙始昌；阳者，明也，吾人生

于斯，居于斯，皆赖房字以滋长，盍可忽乎哉？"[1]

蒋平阶此篇主要指明阳宅之法，必须先要看具体的环境（"不争秀丽喜粗雄""若得乱流如织锦"），然后再察房屋之生旺（"只取三元生旺气"），根据房间情况安排路与门，以定吉位（"门内间间有宅神""三元衰旺定真踪"）。同时，他否定了"八宅派"等以"游年"飞星定吉凶的方法，觉得它并不准确（"天医福德莫安排，谁见游年获福泽。逢兴鬼绝更昌隆，遇替生延皆困迫"）。这里批评的"八宅派"，其法即以游年之法飞星，按口诀排定福德宫，再排出天医、延年、生气、五鬼、六煞、绝命、祸害等方位，以天医、延年、生气为吉，五鬼、六煞、绝命、祸害为凶。此处口诀中所提"天医福德""鬼绝""生延"，即是此意。

《阳宅指南》开宗明义："世人不识重阳基，阳基效验在须臾。死生贫富如操券，育子迁官贵及时。此时天元真骨髓，前贤宝惜未曾题"，延续《天元五歌·阳宅篇》的观点，要人们重视阳宅，要明白阳宅对生死贫富、子孙官贵等方面的重要作用。接下来，以五个歌诀展开来讲具体如何辨别：

第一要诀看宅命，动处乘空实处静；空边引气实边收，命从来处天然定。

第二要诀看宅体，端方周正斯为美；前后修长蓄气专，若然

---

[1] ［清］张觉正：《阳宅爱众篇·自序》，世界知识出版社 2011 年版。

匾阔分途轨。

第三要诀看坐向，坎离震兑针尖上；得乘正卦合天心，干支杂乱生魔障。

第四要诀辅弼星，地宜左右审虚盈；辅若虚时地元煞，弼虚两卦受灾惊。一重辅弼一重福，若是重重福不轻；有人识得弼星诀，选宅安身事事宁。

第五开门引路诀，正卦装门莫偏泄；入门之卦空元神，元神衰旺此中别。一门正卦煞无陂，前后门通两卦接；若有旁门破卦身，纵然旺气非清洁。既有门时即有路，内路外路须兼顾；路在生方致百福，煞方引路多灾祸。

依口诀所言，第一条讲的是"宅气"，所谓"命从来处天然定"，并且"宅气"要动静结合、空实结合来处理，如"空边引气实边收"等。第二条讲的是"宅体"，根据住宅的形状而言，如"端圆方正斯为美"。第三条讲"坐向"，根据房屋具体处于什么方位来判断吉凶，要避免卦气杂乱。第四条讲"辅弼"二星，即左右盈虚的问题。第五条是"开门引路"的问题，要求门开旺气，路引生方。依照这些具体方法，便可获得吉祥的居住环境。

此后，即开始讲房屋内部的各种情况。如卧房，要求"澄清生旺保安康"，如天井，要戒"宽广"，以免其犯不当四风的弊端。如果是多进的住宅，则要求"高低均称"，不能依照八宅派的说法，拘泥于天医、延年、生气等宜高大，廉贞、破军、祸害等宜低矮。接下来，又讲桥梁路衢对房屋的影响，最后再落脚到符合天元之气即生旺之气上。

蒋平阶随后以多种房屋与周边环境的关系为例，说明其阳宅之法的具体应用。如第一例傍城立局，口诀是："曲尺城垣密封封，西南兜紧衣通风；住宅正当坤角上，气钟八白下元隆。"其意盖为住宅的西南方有城垣或高大建筑物，则利于收艮方之气，七运八运吉。如果住宅的东南方有城垣或高大建筑物，则有利于收乾方之气，五运六运吉。其法原理依然是据后天洛书和后天卦数的方位而定。如图8所示：

巽 4 绿	离 9 紫	坤 2 黑
震 3 碧	中 5 黄	兑 7 赤
艮 8 白	坎 1 白	乾 6 白

图 8　阳宅之法第一例傍城立局

坤居西南，艮居东北，故而坤角收艮方之气。艮后天卦数为七，洛书数为八，因此七运八运吉。艮为八白，八运属下元甲子，故言"八白下元隆"。

类似还有傍高楼立局，如高楼在西南面的，则宜收东北方之气，下元七八局吉："西南邻宅有高楼，靠彼低房艮气收；此宅偏宜下元运，安居乐业日休休。"如路衢论气法："街衢直过两头平，难见喧阗不动情；此局无从观祸福，更寻别处去题名。"其意与

《水龙经》观点大致相同，即"水龙"环抱有情为吉，直去不顾为不利。不过此处以路衢为水，因为阳宅之法在市镇间常以街路为"虚水"，以"水龙"来看待。按照"阳宅三十则"的观点，所谓城乡取裁不同，乡村气涣，立宅取裁之法以山水兼得为佳；城市气聚，虽无水可收，而有邻屋之凹凸高低、街道之阔狭曲直，凹者、低者、阔者、曲动者为水，直者、凸者、狭者、持高者为山。又如乾宫曲水："乾宫曲水四宫星，八十年中享大名；若晓中元安吉宅，黑头相公秉钧衡。"此指西北方有弯曲流水而来，对角为巽宫四绿，此处住宅安享八十年吉运。再如午方大水长流："长流大水灌离宫，小水连城瑞气钟；若见兜拦贵无敌，黄金百万位三公。"此指南方有水长流过来，围绕城镇形成各小湖荡，则是极好的环境。

剔除口诀里的玄虚和惯用的术语，继承其朴实的思想，可以发现，这里有很多观点源于古人在城镇规划和房屋建设中积累下来的实践经验。如《毛笺》谈公刘相地，"往之彼百泉之间，视其广原可居之处，乃升其南山之脊，乃见其可居者于京，谓可营立都邑之处"，"既广其地之东西，又长其南北，既以日景定其经界以山之脊，观相其阴阳寒暖所宜，流泉浸润所及，皆为利民富国"，揭示了公刘卜都建造之谨慎态度和基本原则。《管子·乘马》"凡立国都，非于大山之下，必于广川之上，高毋近旱而水用足，下毋近水而沟防省"，说的是城市规划的原则问题。《淮南子·本经训》所言"是故古者明堂之制，下之润湿弗能及，上之雾露弗能入，四方之风弗能袭"，点明了屋宅的选址和基本建造原则。在中国古代城市建设中有五种格局，朝水局（如隋唐时期的洛阳古城），横水局（如成都、泸州等古城），聚水局（如昆明、绍兴等古城），顺水局（如四川乐山古城），枕水局（如长安、南京等古城），将城镇规划、建筑原理和周边环境紧密联系在一起，与阳宅风水术的相关法则相吻合。《周书·召诰》记载周成王建造洛邑之时选择了河流的"汭位"。这一"汭位"，即是风水上常说的"环抱有情"。从科学的原理来讲，这种选择与河流冲击对土地的影响紧密相关。按照建筑学的观点，砍澳为河流弯曲的内侧之处，由于水流惯性不断冲击河曲凹岸，淘蚀坍岸，故选址于凸岸，不仅水流缓慢，较少受到水流的冲刷，并有泥沙不断淤积成陆，扩展基地，故这一规律被普遍运用在古代城市的选址和房屋选址之中，即"攻位于砍"。蒋平阶《阳宅指南》中不少吉利的房屋格局，即与此吻合。

在《阳宅三格辨》中，蒋平阶将自己对阳宅类型的划分、不同类型的建筑要点，说得更为清晰："我为辨之有三格焉。一曰井邑之宅，二曰旷野之宅，三曰山谷之宅"，"井邑之宅，或居城郭，或居市廛，万井爨烟，重间比户，……街巷道路为先，方隅门风为次，而水局又次之。盖车马人迹，咽咽阗阗，响振尘飞，无非动气，此其嘘枯吹生，焰逼影接，不同岑寂之乡，若更独得水局，舟楫交横，尤为出格之宅"，"旷野之宅，以水为主，而风门、方隅次之，道路又次之。若大江大湖，则其应亦大；若小溪小涧，则其应亦小，此与平原龙法体格合一，而微有细大之殊"，"山谷之宅，以风为主，而余皆次之。盖其风摩空而下，障之者万寻，而漏之者千仞，穿穴鸣条，排山拔木。其吹祥也，发不旋踵；其吹咎也，殄无遗类。……鸡犬桑麻，与世迥绝，拟乎仙都，盖此宅也"。"凡此三宅，皆择堂气开舒、水泉平衍之地而筑之，而不关龙脉之结聚。世人以为龙脉结成阳宅，此说非也。即大而郡邑，更大而京师，亦擅气局，非关龙脉，其所谓势聚而已、气聚而已，岂有金针玉线，缠绵络绎而入我之户牖哉？……山川风物，挹揽光华，云奔雷转，其作用在土泉之表，非求之地络之阴。"[1]这些观点即便从今日来看，也有着很强的实践性和辩证性，大有可借鉴之处。

蒋平阶地理之学，清初以来影响深远；系于其名下的地学著作亦甚多，然真伪难辨。目前来看，《地理辨正》为其最主要的代表作，系统阐述了他玄空地理的独到见解；《水龙经》为明清以来水法风水的典范，可谓是古典水法的集大成者；《阳宅指南》专论阳宅风水，形理兼顾，颇值得参考。不过，传统地理之学朴实与谲诡并在、精华与糟粕同行、简要与芜蔓共生，正如有学者指出的，"堪舆术到底应该如何认识，在学术界仍未有共识"。然而，"儒家谓'慎终追远'可以使'民德归厚'，则堪舆之法于今日的

---

[1]《阳宅三格辨》，嘉庆丁卯尹一勺注本。

生活信仰重建，亦或有其‘药引’和‘抓手’之功"[1]，此言甚是。只有客观地从人文之原、"畏天""知命"、技术理性、生态机制与审美等几个方面全面地看待传统地理之学，才能得到"正本清源"的效果。[2]

《晚晴簃诗汇》称"大鸿为堪舆大家，神解超迈，近百年来形家奉为圭臬"[3]，认为蒋平阶是百年来的堪舆家代表，然而紧接着又赞叹他"诗宗唐人，力才丰健，尤有几社余风"，可见并不简单地将他当作普通的术士看待。因此，在谈论蒋平阶术数成就时，我们倘若忘却了后面这句话，则不能全面理解蒋平阶在这一领域的真正意义和价值所在，也不能读懂他"假青乌术自给"后面深藏的孤独和高迈。

---

［1］ 关长龙：《敦煌本堪舆文书研究》，中华书局 2013 年版，第 6 页。
［2］ 参见：王振复《正本清源：理性地解读风水》，《王振复自选集》，复旦大学出版社 2015 年版。
［3］ 徐世昌：《晚晴簃诗汇》卷五十一《诗话》，退耕堂刻本。

附：

蒋平阶年谱简编

1622年（明天启二年，壬戌）

平阶生。

> 案：
>
> 平阶生卒年未详，推算其出生年最早为辛酉，最晚为乙丑。姑以壬戌计。[1]

是年：

> 夏允彝二十六岁。
>
> 黄观知二十三岁。
>
> 陈子龙十四岁。
>
> 黄宗羲十二岁。
>
> 尤侗五岁。
>
> 施闰章五岁。

----

[1] 详参本书《生卒年考》一节。

王沄四岁。

姜希辙二岁。

1623 年（明天启三年，癸亥）

魏忠贤揽政。

是年：

毛奇龄生。

周篔生。

1624 年（明天启四年，甲子）

十月，副都御史杨涟、佥都御史左光斗被削籍。

是年：

汪琬生。

1625 年（明天启五年，乙丑）

三月，魏忠贤兴大狱。

八月，诏毁东林书院。

是年：

陈维崧生。

1629 年（明崇祯二年，己巳）

平阶年少多疾病，性情不拘小节，好游山水；幼随祖父蒋日

　　　　　　　　　　蒋平阶研究

华（安溪公）习文及天文地理。[1]

《续水龙经》卷二："余少多疾病，性好放荡，朝夕寻山问水，竟作江湖散人，烟霞痼疾，知已深矣。"

《地理辨正·辨伪文》："仆弱冠失恃，先大父安溪公命习地理之学，求之十年而始得其传。"

《地理辨正·序》："余少失恃，壮失怙。先大父安溪公早以形象之书孜孜手授。"

《清史稿》："蒋平阶，字大鸿，江南华亭人。少孤，其祖命习形家之学，十年，始得其传。"

案：

清谢宸荃、洪龙见《安溪县志》卷六《风俗人物》之三："蒋日华，江南华亭人。莅任伊始，修葺黉宫，额曰：'文峰拱秀。'鼎新四箴亭，额曰：'更新。'巡郊野，劝课农桑。遇岁荒，开仓赈给。安邑密迩郡城，宦干踞埠横抽，持正不阿，力行禁止。宪批漳邑人命，暮夜馈金不受，禁火耗以均赋役，设木皂以剔蠹弊，兴利除害，事难枚举。户无差扰，民安衽席其大端也。若夫集诸生讲学督艺，午未联捷李光龙、壬午科王梦弼、丁酉科陈嘉章，皆其所首拔者，士民戴之。皇清康熙八年呈详入名宦祠祀焉。"

---

[1] 蒋平阶幼随安溪公习形家之学，具体何时不可考，姑系此。

吴仁安《明清时期上海地区的著姓望族》："（天）蒋日华，明万历年间由岁贡生官安溪知县，有古循吏风。（地）蒋尔扬（日华子），字抑之，号方虞。用上海籍中万历四十三年（1615年）乙卯举人。崇祯七年（1624年）甲戌会试副榜，官道州知州。州民感其恩，立祠祀之。（玄）蒋平阶（尔扬犹子，蒋日华从孙），字大鸿，居华亭张泽镇。诸生，崇祯间在几社有声。"

陈子龙、夏允彝、徐孚远、杜麟徵等成立"几社"。

杜登春《社事始末》："先君子与彝仲有《几社六子会义》之刻。几者，绝学有再兴之几而得知其神之义也。两社对峙，皆起于己巳之岁。"

"复社"举尹山大会。

陆世仪《复社纪略》："吴江令楚人熊鱼山开元，以文章经术为治，知人下士。慕天如名，迎至邑馆，巨室吴氏、沈氏诸弟子俱从之游学。于是，是为尹山大会。苕、霅之间，名彦毕至。"

是年：

朱彝尊生。

杜登春生。

1630年（明崇祯三年，庚午）

正月，金兵陷迁安、遵化、滦州、永平等地。

六月，张献忠反明。

八月，思宗杀袁崇焕。

是年：

屈大均生。

1631 年（明崇祯四年，辛未）

十月，祖大寿降金。

十一月，孙承宗罢官归里。

是年：

陈恭尹生。

1632 年（崇祯五年，壬申）

春夏之际，"几社"刻《壬申文选》。

> 杜登春《社事始末》："自辛未先君子举进士后，次年有
> 《壬申文选》之刻。"

"几社"刻《几社会议初集》，选百人之文。王沄入"几社"。

> 杜登春《社事始末》："随于《壬申古文》之外，另刻
> 《几社会议初集》，扩至百人……而六子之昆弟姻娅及门
> 之子弟竟起而上文坛矣……王大来先生沄，即改字胜
> 时，名沄者。"

> 王沄《越游记》："予年十有四，始师事大樽陈先生。时
> 岁在壬申。先生方以古文辞倡起东南，墙宇高峻，士之

及其门者，造次不能自达。予以童子隅坐，晏如也。"

案：

或以"几社扩至百人"，认为平阶于此年入"几社"，推其生年为1614年，恐非。《社事始末》于"扩至百人"之后，例举五十余人，如宋徵舆、张安茂、王沄、徐桓鉴、李大根、唐醇、沈迴、钱起龙、赵侗如、曹尔堪、李愫、包尔庚、汤涵等，并无平阶之名。以平阶当时名望，杜氏不可能不知，平阶若与会，则杜氏不可能不例举。

1633 年（崇祯六年，癸酉）

是年：

徐光启卒。

1637 年（崇祯十年，戊寅）

随夏允彝南下，客居福建，研究海防。

《陈忠裕全集年谱》顺治四年丁亥《考证》引《虎墩笔筵》："时有狂生蒋雯阶，向从允彝之闽，习海道。"

陈子龙《安雅堂稿》《与蒋驭闳书》："前读手书兼诸诗文，知足下文词玮丽，日新富有，真翩翩才良也。长乐君鸣琴小邑，何烦陈阮作记室耶。"

夏完淳《蒋生南行歌》："与君自别新宁邸，世事浑如翻掌异。"

案：

夏完淳《南越行送人入闽》："五年客邸曾游所，别来风
景殊今古。"白坚笺："夏允彝任福建长乐知县五年，完
淳随侍任所，故云。"夏允彝为崇祯十年进士，随即任
福建长乐县知县。夏完淳随其赴闽。"新宁"，唐时置新
宁县，后改为长乐，今福建省长乐县南。

叶梦珠《阅世编》卷五："彝仲为诸生时，即与陈卧子齐
名，及同登进士，声气益广，天下莫不知云间陈、夏，
历官吏部考功郎。鼎革之际，自缢而死。其子完淳，字
存古，幼禀异资，读书过目成诵，八岁能文，一时咸以
大器目之。及吴帅之叛，完淳为草檄文，词连逮捕杀之，
年未二十，无嗣，或云遗腹一子，今不知所在。"

1640 年（崇祯十三年，庚辰）

夏，寄荔枝和所作之赋与陈子龙。

陈子龙《与蒋驭闳》："南驿至，得所寄荔枝，启瓮芬发
沾手，撷嚼甘香经日。此果见重于世旧矣。开元帝之邮
致，蔡忠惠之谱品，皆此果奇遇。今乃得足下赋，使此
果情色俱畅……仆近益荒惰，承索新制，令人赧然。"

案：

陈子龙于崇祯十三年六月选绍兴推官，同年冬以推官摄

诸暨知县。福建荔枝，初夏即成熟。故平阶寄荔枝应为此年夏。

子蒋守大、蒋无逸或先后生于此年。

案：

《支机集》沈亿年《凡例》云："杜陵小友暨两生幼弟，年未胜衣，风气日上，追随胜览，亦有和歌。"杜陵小友，即平阶之子守大、无逸。温大雅《大唐创业起居注》卷三："少帝年未胜衣，不经师傅，长于妇人之手，时事茫然。"《辞海》："（胜衣）是儿童稍长能穿戴成人的衣冠。钟嵘《诗品》卷上：'才能胜衣，甫就小学。'亦指能承受所穿衣服的重量。"古人就小学约在八岁至十五岁之间。《大戴礼记·保傅》："古者年八岁而出就外舍，学小艺焉，履小节焉。"《尚书大传·略说》："古之帝王者，必立大学、小学……十有三年始入小学。"《嘉靖太平县志》："令民间子冀盼八岁以上、十五岁以下，皆入社学。"《嘉靖香山县志》："八岁至十有四者，皆入学。"在有关汉语年龄词语研究的文章中，认为古人所谓的"胜衣"，乃指能够穿得起成人的衣服而尚未达到成年的年纪，或指稍长大些的十二三岁的儿童。守大、无逸此时尚"未胜衣"，定在十四五岁之前，乃至于十二三岁之前。以12岁为上限，逆计之，则出生年在庚辰左右。

倪元璐《儿易》一书成。平阶后为此书作序，云："公作《儿易》，儿者，姓也，其义孩，言童蒙也。"[1]

> 同治求是斋本《倪元璐集·儿易内仪以序》："汉人说《易》，舌本强搅，似儿强解事者。宋人剔疏灭通，遂成学究。学究不如儿，儿强解事，不如儿不解耳也。……子云：太元童乌共之。童乌者，子云九岁儿也。"
>
> 《四库全书总目提要》："其名《儿易》者，蒋雯阶《序》谓公作《儿易》，儿者，姓也。考《说文》倪、儿本二字，惟《汉书·儿宽传》儿与倪同，则是古字本可通用。然考元璐《自序》实作孩始之义，其文甚明。则雯阶不免于附会。"
>
> 朱彝尊《经义考》卷六十二："蒋雯阶曰公作《儿易》，儿者，姓也，其义孩，言童蒙也。"
>
> 案：
>
> 张廷玉《明史》卷二百六十五《列传》第一百五十三："倪元璐，字玉汝，上虞人。父冻，历知抚州、淮安、荆州、琼州四府，有当官称。……十七年二月，命以原官专直日讲。逾月，李自成陷京师，元璐整衣冠拜阙，大书几上曰：南都尚可为。死，吾分也，勿以衣衾敛。暴我尸，聊志吾痛。遂南向坐，取帛自缢而死。赠少

---

[1] 平阶于何年作《儿易》序难考，姑系此。

保，吏部尚书，谥文正。本朝赐谥文正。"

赵尔巽《清史稿·列传》二百七十一文苑一："侯方域，……方域师倪元璐。"

1641 年（崇祯十四年，辛巳）

六、七月间，陈子龙督漕嘉兴，往来嘉湖。

陈子龙《自谱》："是岁，浙西大旱，漕事迫，嘉之崇德、湖之德清，素顽梗，属年饥，益不办。大中丞奉旨谴责，令予专督崇德，而自督德清。予疏别月余，遂与他邑相后先矣。"

平阶于此年自福建返云间。

案：

平阶随夏允彝客居长乐在崇祯十年至十四年，夏完淳"五年客邸曾游所"亦可证。

平阶母盖亡于此年。

《地理辨正·辨伪文》："仆弱冠失恃。"

《玉函真义天元歌》总义："蒋生二十慈亲丧。"

1642 年（崇祯十五年，壬午）

春，复社集会于虎丘，云间后起之秀皆参与。

杜登春《社事始末》："（复社）壬午春，又大集虎丘，维扬郑起宗先生之亢、吾松李舒章先生雯为主盟，……

诸先生之子弟、云间之后起皆与焉。"

夏、秋，平阶游绍兴，拜会陈子龙，听刘宗周讲学。

> 王沄《越中记》："予遂于癸未春适越。……我乡戚友以游览至者，顾伟南、张子服、子退、曹鲁元、谢裰玄、宋辕文、周宿来也，周子则与蒋子大阅先予从越游者也。"
> 案：
> 陈子龙《自谱》原注云："先生为司李（理）时，乐引后进。"

谒禹庙，作诗《禹陵》。

> 《禹陵》："撬辇逢尧祀，垂裳拜舜年。剖圭开日月，瘗玉镇山川。……魍魉犹留鼎，蛟龙想负船。秦碑荒草合，汉畤白云连。苍水书难得，玄狐箓可传。按图通百粤，泪尽九嶷天。"

冬，与周宿来、陶冰修、蔡山铭、吴日千、计子山等有《雅似堂》之刻。

> 《社事始末》："周宿来先生茂源，与陶子冰修惨、蒋子驭阅雯阶、蔡子山铭岘、吴子日千骐、计子子山安后改名南阳，集西郊诸子为一会，有《雅似堂》之刻。"

陈子龙赞平阶"能诗焉。"

> 毛奇龄《云间蒋曾策诗集序》："崇祯之末……华亭陈卧子先生，遂与其同党言诗。当是时，先生仕吾郡，漳州黄宗伯过之，携吾郡士人登会稽山，顾座中赋诗，无能

者。即他日索之座之外，无能者。维时则窃观先生座中有所谓杜陵生者，先生每指之，称能诗焉。"

案：

平阶侍学陈子龙盖在崇祯十四年至崇祯十六年间。此事具体时间难考，姑系此。

是年：

张笃庆生。

李光地生。

1643 年（明崇祯十六年，清顺治元年，癸未）

正月，李自成于襄阳称王。

八月，皇太极病故，福临继位。

春，王沄至越。

王沄《越中记》："予遂于癸未春适越。"

夏、秋，平阶与陈子龙及师门弟子往还虎林。

王沄《越中记》："夏秋之际，予从先生往还虎林。"

陈子龙《安雅堂稿》卷四《徐惠郎诗稿序》："癸未之秋，予自越还吴。"

岁末，陈子龙督军粮赴南都。

陈子龙《安雅堂稿》卷下《补叙浙功疏》："十六年冬，南部以南粮逋欠几于脱巾，严檄各属，臣恐解户迁延，亲督本属粮米七万有奇解京。"

1645 年（明弘光元年、隆武元年，清顺治二年，乙酉）

五月，弘光帝被俘。

闰六月，鲁王监国绍兴。

唐王即位福州，年号隆武。

八月，松江府城陷，陈子龙隐去，寓嘉兴门人家，衣僧服，辗转嘉、松间谋事。沈犹龙、李侍问、章简等殉国难。夏允彝投水殉国。

秋冬，平阶等赴福京，蒋蔼、蒋日驯、秦无衣等同行。

案：

平阶《赠越中张董诸兄兼怀馀子》云"夷歌满眼边声急，越溪女儿争泪流。时予方作平陵客，义公死后遭追迫"，大略记录的是乙酉至丙戌间反清义士相继赴难之事。师陀先生认为，"时予方作平陵客"，可见平阶此时在福京未归。松江府城陷，陈子龙埋名避居，几乎在此时，鲁王和隆武帝的使命交至陈子龙处。此见王沄《续年谱》："冬春之交，闽浙之命，间从海舶而至。"也就是在乙酉之年，蒋平阶与蒋蔼、蒋日驯、秦无衣等人同行，在秋冬之时至福京。蒋平阶授兵部司务，迁浙江道御史。从事件的发生和时间上来看，这极有可能是陈子龙与隆武帝方面有所联络，陈子龙在接到相关的使命之后，考虑到蒋平阶曾随夏允彝赴福建习海防，故而推荐蒋平阶等去福建从事反清活动。此诗大抵为后来追记此事而作。平陵，借指京都。李嘉祐《送王端赴朝》诗："独遣吴州客，平陵结梦思。"皇甫冉《酬裴十四》诗："旧国想平陵，春山满阳羡。"

《清代松江府文学世家述考》："蒋蔼，（平阶）从祖，蒋日华弟，字致和，一作志和，号怡云，沈士充弟子，善书画，尤得倪瓒笔意。"

《南明史》："（蒋）日驯，字用孔。好武，精骑射，与平阶赴义，为禅将同召，未竟所用，后遁于医。"

夏完淳赠诗《蒋生南行歌》《送驭闳蒋大南行》，并作《南越行送人入闽》《偶念三秋旧集忆景说兼越行诸子》等诗，怀念赴闽诸友人。

《蒋生南行歌》："与君自别新宁邸，世事浑如翻掌异。马江潮入大王风，旗山云作真人气。我子风流世所知，南瞻天阙更驱驰。九死不回归国意，百年重见中兴时。登山临水车尘绝，海水天风恨离别。飞飞征雁五溪云，行行立马三山月。离亭尊酒白云飞，送子终宵露满衣。哑哑乌啼飞上屋，参横斗转星河稀。"

案：

《夏完淳集笺注》白坚案："隆武元年乙酉秋冬作。此诗送蒋平阶赴福建拥隆武而作。与《南越行送人入闽》同一意旨。闽中立国，时在乙酉闰六月。"

《国朝松江诗钞遗老》白坚案："完淳好古，本汉、唐古义而称蒋平阶为蒋生，他处称王光承为王生，宋徵舆为宋生，亦犹是也。"

《夏完淳集笺注》："（《送驭闳蒋大南行》）乙酉国难后作。此篇与卷四《蒋生南行歌》同为送蒋平阶南行之作，然情致不一样。后者送其奔赴福京，有向往振奋之意，此篇则前路茫茫，不知何所，露怅茫悲慨之情，自非作于同时。"

《夏完淳集笺注》："（《偶念三秋旧集忆景说兼越行诸子》）乙酉国难后作，观诗意甚明。'景说'，邵梅芬，字景说，卒于乙酉。见卷三五子诗邵景说梅芬笺。'越行诸子'，指先后南往闽、浙之蒋平阶、王光承、顾开雍等。"

十二月，明隆武阁臣黄道周出师北伐，败赣北，被俘押解南京。

《明史》卷二百五十五《列传》第一百四十三："黄道周，字幼平，漳浦人。天启二年进士。改庶吉士，授编修，为经筵展书官。……当是时，国势衰，政归郑氏，大帅恃恩观望，不肯一出关募兵。道周请自往江西图恢复。以七月启行，所至远近响应，得义旅九千余人，由广信出衢州。十二月进至婺源，遇大清兵。战败，被执至江宁，幽别室中，囚服著书。临刑，过东华门，坐不起，曰：此与高皇帝陵寝近，可死矣。监刑者从之。……道周学贯古今，所至学者云集。铜山在孤岛中，有石室，道周自幼坐卧其中，故学者称为石斋先生。"

《清史稿》卷二百三十七列传二十四："二年，豫亲王多铎师下江南。……是时明唐王聿键称号福建，其大学士黄道周率师道广信、衢州向徽州，左金都御史金声家休宁，募乡兵十馀万屯绩溪。……十月，遣提督张天禄，总兵卜从善、李仲兴、刘泽泳等攻破绩溪。十二月，进破道周于婺源，声、道周见获，皆不屈，送江宁杀之。"

邵廷采《东南纪事》卷一："十二月朔，日有食之。……大清将张天禄，诱执大学士黄道周于婺源，生致南京，道周死之。"

1646 年（明隆武二年，清顺治三年，丙戌）

春，张肯堂谋征吴淞。

《明史》卷二百七十六列传第一百六十四："张肯堂，字载宁，松江华亭人。天启五年进士。……总兵郑鸿逵拥唐王聿键入闽，与其兄南安伯芝龙及肯堂劝进，遂加太子少保、吏部尚书。……肯堂请出募舟师，由海道抵江南，倡义旅，而王由仙霞趋浙东，与相声援。乃加少保，给敕印，便宜从事。芝龙怀异心，阴沮之，不成行。……顺治三年，王败死，肯堂飘泊海外。六年至舟山，鲁王用为东阁大学士。八年，大清兵乘天雾集螺头门。定西侯张名振奉王航海去，属肯堂城守。城中兵六千，居民万余，坚守十余日。城破，肯堂衣蟒玉南向坐，令四妾、一子妇、一女孙先死，乃从容赋诗自经。"

叶梦珠《阅世编》卷五："张鲵渊肯堂，天启乙丑进士，历官八闽，巡抚中丞。鼎革之际，闽中拒命，与故同安伯郑芝龙黄蜚飞皇，共立唐藩为帝。顺治三年，大兵克闽，获唐王，鲵渊遁居海岛，阖门自尽，仅存一子，事宁而归，家产俱已入官，故业无从问矣。"

张煌言有诗《戊子元旦，步张鲵渊太傅韵》《九日，陪安昌王黄肃虏虎痴张定西侯服张太傅鲵渊朱太常闻玄徐给谏闇公及沈公子昆季登锁山和韵》《瑞阳喜雨，呈张相国鲵渊》《寿鲵渊张相国》《挽张鲵渊相公》等。

　　春，平阶等人至福京。旋任兵部司务，迁浙江道御史。五月，上疏害政之弊，劾郑芝龙专政。

　　《思文大纪》卷七："（隆武二年五月）上谓兵部试司务蒋平阶曰：'览尔奏，多发人所未发，如一官五月而更数人，一人数月而更三命，百里而督抚并设，巡方与中使并差，皆害政之大者。至谓疑人复留用，募兵不问饷；有听言之名而未收其用，去铺张而存实意，□矢机而务持重。皆切要语，朕所嘉尚焉'！"[1]

　　李亨特、平恕《绍兴府志》卷之六十三："及明亡，唐

---

[1]　原书"失机"前脱落一字。

王僭号于闽，平阶赴之，授兵部司务，晋御史。"

钱海岳《南明史》："南京亡，与族人日驯诣福京，授
兵部司务，迁浙江道御史，疏言：'一官五月而易数
人，一人数日而更三命，百里而督抚并设，巡方与中使
并差，皆害政之大者。'又言：'疑人复留用，募兵不问
饷。有听言之名，而未收其用。去铺张而存实意，相天
下机而务持重。'上皆褒纳。郑芝龙专政，抗疏劾其跋
扈，人咸壮之。"

《传家阳宅得一录》叙云："丙戌岁，以王事入闽，迁道
武夷，偶遇家道人。"

案：

师陀先生以《文艺远至述旧五百字》中有"去日叩春
水"之句而断定蒋平阶为此年春赴闽。

六月，清军渡钱塘江。八月，清军尽占浙闽。隆武帝被杀。
时平阶在马尾港得免。

案：

师陀《蒋平阶的生平》："蒋平阶所以没有死难，实在是
当时他在马尾，也是意有所待，即'观衅收旧都'，待
机再起。"此处"马尾"，盖为马尾港。夏完淳《蒋生南
行歌》："马江潮入大王风，旗山云作真人气。"马尾港，
福州东南鼓山之下，一名马江、马头江。《夏完淳集笺
校》白坚案："江有巨石如马头，潮退则现，故名。亦

称马渎江，又号马尾港。"

秋，北归，居余姚。参加松江义军。后作诗《文艺远至述旧五百字》《赠秦无衣》等记载此事。

案：

蒋诗《文艺远至述旧五百字》"归来逐旱魃"，可见其秋日北归。

《夏完淳集笺注》白坚谓蒋平阶乙酉赴闽，闽败亡命，丁亥入浙，恐非。

是年，以黄冠入道避难。

案：

平阶入道年难以确定。平阶极有可能在闽破后即以黄冠示人，一则避难，一则掩饰其反清之事。《华亭县志》："闽破，服黄冠亡命，假青乌术游齐、鲁，转徙吴、越，乐会稽山水，遂止焉。"《绍兴府志》："福建破，遂亡命，服黄冠，假青乌之术，浮沉于世。东至齐鲁，登泰岱，谒曲阜，转徙吴越间，乐会稽山水，遂家焉。"《社事始末》："乙酉、丙戌、丁亥三年之内，诸君子之各以其身为故君死者，忠杰凛然，皆复社、几社之领袖也。……更若陆丽京之卖药、蒋驭闳之黄冠……"《传家阳宅得一录》："丙戌岁，以王事入闽，迁道武夷，偶遇家道人，始得其奥。后以奔走南北……"可佐证其入道之年。施蛰存先生在《蒋平阶及其〈支机集〉》中亦认为："丙戌（1646年），清兵入闽，唐王被执败亡。平阶从此就改名字，换道士服装，漫游齐鲁吴越，以堪舆术谋生。"林玫仪先生《支机集完帙之发现及相关问题》据张苍水《岁暮得蒋驭闳信兼见其新制寄赠二首》"独怪槎来十二载"，以"庚子年"减去十二年，故认为蒋平阶于顺治五年左右入道。备一说。

避居嘉兴秀水门生沈亿年家中，自号杜陵。

《王胜时游记》："纪遇，不期而会曰遇。……遇蒋大鸿于禾中沈齮祈家。皆同门友也。时大鸿避地自称杜陵云。"[1]

案：

禾中，嘉兴秀水也。平阶何时起避居嘉兴，实不可考。然《檇李诗系》载平阶"国初移居嘉兴，后徙越中卒"，可见在顺治前期便居嘉兴。就平阶之行径，此时避居嘉兴，一则避免因参与起义而遭官府"逼迫"，二则便于秘密参加反清，三则嘉兴友人较多，便于互通声气。据平阶作《于沈庆仲斋中度岁二绝》，可以肯定其在丁亥正月之前便居嘉兴。

1647年（明永历元年，清顺治四年，丁亥）

正月，作诗《于沈庆仲斋中度岁二绝》、《酬族叔祖素公》。

---

[1]《王胜时游记》，广益书局民国二十八年版，第19页。

案：

师陀先生《蒋平阶的生平》考证："（蒋平阶诗歌）抄本第一、第二《于沈庆仲斋中度岁二绝》两首，我认为即作于丁亥（明永历元年、清顺治四年、一六四七年）正月初一，第三首《酬族叔祖素公》说：'即今门户凭谁在，土室沉沉正未赊'，第八首《附庆仲见示之作》其一说'昭关尚滞埋名客，博浪全收国士风，有日洛台图画满，羊求惟识杜陵翁'，都说明他不在故乡，而是躲在秀水沈庆仲家里。"

沈克家，字庆仲，沈德符次子，沈亿年之父，诸生，《康熙嘉兴府志》称其"读书不仕"，《嘉庆嘉兴府志》称其"亦善读书"。

四月，张煌言帅军至崇明，为飓风所困，兵败。

松江提督吴胜兆反正，平阶参与举兵，至舟山见黄斌卿，事泄不成，逃至苏州。作诗《酬沈东生》记此事。

《酬沈东生》："我行至吴会，吴会非故乡。鸱枭鸣我前，豺狼盈道边。沉吟生死间，巧拙诚未惶。"

案：

《陈忠裕全集年谱》顺治四年丁亥《考证》引《虎墩笔筵》："（蒋雯阶）因亡命周谦而与黄斌卿通。斌卿漳浦人，黄道周族子，子龙又道周门生，遂相结图恢复。"

王沄《续陈子龙年谱》："先逃得免者，门人蒋文学平阶也。"《夏完淳集笺注》白坚案："蒋平阶自闽归后，参与吴胜兆反正事，丁亥三月中旬，与刘成高、孙标同往舟山见黄斌卿请印请敕，四月，并为举义预作旗纛、祭文。事败后，清吏严缉而未获。见《史料丛刊初编·洪文襄公呈报吴胜兆叛案揭帖》。"王沄《王义士辋川诗钞·昔友后咏蒋侍御大鸿平阶》："咄嗟杜陵人，亦是悲秋徒。乘桴一何勇，移山岂云愚。摇落惠王冠，流落沧海隅。鲁阳不可作，视此白日徂。"乘桴，白坚谓渡海潜往舟山。《研堂见闻杂录》录吴胜兆兵败之后："一时株连者，皆天下名士，如陈子龙、侯峒曾、顾咸正、蒋雯阶辈，无不狼藉诛夷，妻孥俘掳。"《酬沈东生》"鸱枭鸣我前，豺狼盈道边。沉吟生死间，巧拙诚未惶"诸句足见其兵败后仓皇逃至苏州之情形。

五月，陈子龙投水殉国。

八月，郑成功围攻泉州，不克。

九月，夏完淳殉国，杜登春等为其收骸。

1648年（明永历二年，清顺治五年，戊子）

秋冬，回浙江，秘密参与组织浙东起义。送宗弟蒋右良等赴浙东参加义军。此间作诗《秋夜同右良泛舟当湖》《遥和贡洪武钱戏步原韵》《补和鲲渊先生海天闻雁》（四首）、《寄怀宋子犹》（三首）、《寄赠朱元序》（二首）、《寄曹云霖》《寄怀姚江诸耿衣》《秋郊诸友毕至》《冬日访马子莲、叔皮兄弟》《赠越中张董诸兄兼怀徐子》等。[1]

案:

全祖望《明故兵部右侍郎兼都察院右佥都御史王公墓碑》:"蒋士铨者,字右良,嘉善人也。诸生。在公军中三年,山寨之破,他人多散去,独士铨以死从。"

《遥和贡洪武钱戏步原韵》"贡洪武钱",为黄宗羲、冯京第戊子年(一说为丁亥年)出使日本乞师,日本赠送鲁王大量洪武钱之事。

全祖望《鲒埼亭集·宋菊斋传》:"菊斋高士,宋龙,字子犹,明南直隶崇明县人也,沉静博雅,有深识,补诸生,师事娄东张南郭","菊斋在舟山数年,海上诸公其唱酬风雅","而辛卯之祸作,凡平日所还往者皆死,菊斋奔跳绝岛中重研。"张煌言诗《崇沙宋子犹,端士也;为明帅所窘,既出厄,诗以慰之》,陈维崧诗《万年欢·赠宋子犹先生七十次朱致一原韵》,陆世仪《喜宋子犹从上海归赋赠》,全祖望诗《以书属太仓州牧求宋丈菊斋春秋及遗集》等,皆有所记。

师陀谓马子莲、马叔皮为马万方之子。马子莲名辰御,字青莲,著有《绛雪亭集》,《檇李诗系》称之为马

---

[1] 诸诗所作时间难详考,姑系此。

伯子。

《赠越中张董诸兄兼怀馀子》："尝依诸大（原小注：如锦及来聘）历山阳，曾吊王生（原小注：毓蓍）兰诸□。"诸如锦，字耿衣，生卒年不详，明末清初姚北诸氏西宅人，顺治戊子以前明诸生应试，初亦与"昌古斋六隐"之列，后以再出，遂移绝交之文，而引王存牧为之首。毛西河曾为其作《满庭芳·寿诸耿衣五十》《余姚诸耿衣六十序》。

诸来聘，字九征，黄宗炎诗《与九征夜话，忆庚辰上元阻雪昌古斋中》，记其及弟黄宗会于崇祯十三年因大雪留"昌古斋"，与九征等友酬唱之事。《东山志》引黄宗羲之言："九征立昌古社，出而交游，倪鸿宝、陈卧子皆以国士待之。"

山阳，地名。《越绝卷第二·越绝外传记吴地传第三》："吴古故陆道，出胥门，奏出土山，度灌邑，奏高颈，过犹山，奏太湖，随北顾以西，度阳下溪，过历山阳、龙尾西大决，通安湖。"

王毓蓍，字元趾，明诸生，师事刘宗周。顺治二年，多铎率清军攻陷杭州。六月二十二日，投柳桥河自尽。刘宗周闻此后叹："吾数十年来，止得此一门人。"《明季南略》卷十浙纪"王毓蓍赴柳桥河死"云："王毓蓍，字元祉，绍兴卫人，甫婚而父邻卒，经年不就内寝，为郡

蒋平阶研究

诸生，师事刘宗周。乙酉六月，大清兵破杭州。时诸生无赖者群议犒师，毓蓍愤甚，榜其门曰：'不降者，会稽王毓蓍也'。众惧祸，阴去其榜。闻刘宗周举义，毓蓍喜。越数日事不就，乃为书告曰：'门生毓蓍已得死所，愿先生早自决，毋为王炎午所吊。'又作'愤时致命'篇，授其子复榜于孔庙。将赴泮池，池水浅，乃赴柳桥河死。时六月二十二日也。"

1649年（明永历三年，清顺治六年，己丑）

春，王翊与俞国望等破上虞，震动浙东。

1650年（明永历四年，清顺治七年，庚寅）

秋，王翊破新昌县城。清军会攻大兰山。王翊退至滃洲。

平阶于己丑至庚寅间，周旋于松江、嘉善、嘉兴、平湖、海盐、海宁、吴江、萧山等地，浙东兵败后避居海盐。

案：

平阶诗作《与日斯言怀》《宿周宿来时使闽还里》《宫词》《经伯牙台故址》《赠祝仲》《赠陆丽京》《与计甫草道故》《朱氏山楼群贤毕至喜其多长往之士纪之以诗示子葆右吉》《寄周铉升》《寄苏寅侯》《寄陈秉生》《寄朱尚书闻玄》《寄呈》等，诗中皆有松江、嘉善、嘉兴、平湖、海盐、海宁、吴江等地之线索。

萧山一地，计东《答云间蒋驭闳》中可见线索："西陵
原上忆经过，屈首从君学九歌。岂意边书惊御宿，遂令
复璧老山阿。破家张俭飘零久，赁保王成辛苦多。今夕
相逢还道故，数声鹤唳起庭柯。"西陵原，今萧山。

是年，江、浙士人在嘉兴南湖集会，时称"十郡大社"。吴伟
业、尤侗、徐乾学、邹祗谟、曹尔堪、毛奇龄、朱彝尊等均赴会。
会期三日，诸人定交而别。

1651 年（明永历五年，清顺治八年，辛卯）

春，与子蒋守大、蒋无逸及门生周积贤、门生沈亿年、沈英
节、周积忠等七人相互唱和。作词贺门生沈亿年、周积贤同举嘉礼。

> 《支机集·天台宴·晚云低映桃花路》小序："吾门沈子
> 幽祈、周子寿王齐年同学，均有高尚之志，物表之思。
> 辛年令序，同举嘉礼，予以此比古刘阮之事，戏为新调
> 以赠之，名曰天台宴。"

七月，清兵三路下潞州。王翃被俘于北溪，八月被害。

九月初，清军破舟山，张肯堂自杀殉国，宋子犹奔跳荒岛中
得以逃生。

夏、秋，平阶参与密谋反清，回浙西、苏南。离海盐经袁花、
长安、嘉兴等地回松江，联络义军。

> 案：

> 师陀先生在《蒋平阶诗稿杂谈》中分析："清兵在消灭

浙东义兵后，于辛卯七月，谋三路下瀹州。瀹州明兵初分三路，后并为两路，一路由阮进对付陈锦的主力，一路由张名振、张煌言护鲁王朱以海直捣崇明，同时命王翊回浙东召集旧部，以牵制清兵的后路。当时蒋平阶亡命海盐（从丁亥秋算起）已经四年，但是他突然离开海盐，经袁花、长安、嘉兴到了故乡……他起兵的企图在诗中也分明流露出来。"在《蒋平阶的生平》中又言："我们不知道蒋平阶当时确切在什么地方，根据抄本所收诗的次序，大致可以推断如下：他当时在海盐北部或平湖海边，在清兵准备三路进兵瀹州以前，曾应紧急召命去过瀹州，然后奉命回浙西、苏南准备号召义兵，以牵制清兵后路。于是经过海盐、袁花、长安、嘉兴，到了故乡。"

是年，作诗《朱近修招饮南湖不及赴比见顾予又解舟东行怅然而别》《潜经旧郊》《中秋日永安湖楼中集宴》等。

案：

朱一是，字近修，海宁人，崇祯十五年举人，甲申后避梅里，有《为可堂集》。陈世祥有《念奴娇·次顾庵韵》"送朱近修还海昌、吴西崖往山阴，兼怀宋既庭先还吴门"一词。《屈大均年谱》载己亥年有《与朱一是（近修）、屠爌（闻伯）、焯（昭仲）、李境（明远）、周篔（青士）、廖永谋（天自）、郑月（随始）、沈进（山子）、李斯年（绳远）、良年（武曾）、符（分虎）联句》。

馆于姜希辙家。

董钦德、王之宾《绍兴府志》卷之五十八："姜希辙，
字二滨，余姚人，世居郡城，工部郎中天枢子也。明崇
祯壬午举顺天乡试。……辛丑分校会试。家居数年，复
起为户科，至奉天府丞，引疾归。希辙，名家子，畅晓
庙堂典故。……及还家，修士大夫居乡之礼，凡郡中利
害，必白当轴者，不以嫌怨而少避。老成凤学，若黄宗
羲、蒋平阶、毛奇龄辈，皆馆于家，以主盟艺林，四方
之士趋如流水，遂名彻海内。自希辙捐馆，而前辈风流
熄矣。年七十八卒。子垚，字汝皋，国子监学正。"

案：

毛奇龄于出亡前，曾在姜希辙家开馆授徒。毛于辛卯年
以《易》筮，急避仇家而亡命。平阶何时馆于姜希辙
家，实不可考。姑系此。

1652 年（明永历六年，清顺治九年，壬辰）

七月，奔波于禹杭。汇集《支机集》并作序。

《支机集》序："岁在玄黓执徐，律中夷则，题于禹杭
道上"。

案：

玄黓执徐，壬辰年；律中夷则，七月。岁时纪年天干地

支分别为阏逢、旃蒙、柔兆、强圉、著雍、屠维、上章、重光、玄黓、昭阳；困敦、赤奋若、摄提格、单阏、执徐、大荒落、敦牂、协洽、涒滩、作噩、阉茂、大渊献。平阶以此纪年，隐怀前朝之思。

秋、冬，与侯朝宗相逢于嘉兴。作诗《赠归德侯朝宗》《赠胡鲜子》等。

案：

侯方域十月顺运河而下，过无锡、宜兴、苏州、金坛、嘉兴等地，并于年底北归。故平阶与其相逢应在此时。

师陀认为胡鲜子即胡夏客。胡夏客，字宣子，一字薛知（鲜知），号谷水，浙江海盐人，著《谷水集》。事见《浙江通志》《槜李诗系》等。

是年，与陈维崧在嘉兴定交。门生周积贤、沈幽祈同识陈维崧。

陈维崧《迦陵文集》卷二《与蒋大鸿书》："大鸿足下，仆违足下已匝月矣，离遂之情，形于寐梦。……仆才露性疏，动与物忤，神思诞放，窃为乡里小儿所不喜。自黄门流落，何幸风尘之中，得遇足下。仆与足下，素非孙周髫龀之知，终乏孔李通家之契，同居江表，邈若吴越，乃自一面以来，义深胶漆，言协埙篪。"

陈维崧《赠蒋驭闳》："十载未识君，识君自槜李。槜李轻花落锦湍，濛濛画舸征衣寒。"

案：

南开大学馆藏《迦陵词》手稿二册卷首蒋平阶《陈其年词集序》："今天下工文辞称才士者且甚多，而吾必以阳羡陈其年为之冠。盖以文章家所应有之事，其年无一不有，而其所有者，有能度越稔于故也。予与其年，壬辰定交……"可见其定交之年为壬辰。

《清名家诗丛刊初集》中《陈维崧诗五·七古》，《赠蒋驭闳》："玉缸溶溶为余倒，自言结交苦不早。……大梁才人正年少，赠君不惜双吴钩。（齮祈也）。我闻高谊三太息，江东词赋增颜色。出入何须复壁中，悲歌好向牛车侧。君家高楼多红妆，（周沈两君），征夫不来凝妙香。"诗中不但描写了与平阶结交之情形，其中小注也提及周寿王、沈齮祈二人，足见蒋陈定交之时，周沈亦在场。又及：陈诗有"君不见姜垓愁死侯荣夭，鸳鸯湖上百花早"两句，姜垓与侯荣皆卒于癸巳年，故此诗应作于癸巳之后，以纪念与平阶诸君壬辰年定交之事。

1653 年（明永历七年，清顺治十年，癸巳）

秘密参与张名振、张煌言反清之事。

案：

1653 年张名振、张煌言于崇明围击清军，并于 1654 年至 1655 年间多次入长江反清，会同郑成功部甘辉、陈

六御等收复舟山，1655年5月复取渝州。平阶此间与其
多有接触谋划。

辑诗《喜门人周积贤至》《至后同沈生幽祈游澂墅诸山遇大
雪》《赠归德侯朝宗》《赠越中张董诸兄兼怀余子》等百会首，友人
沈庆仲抄录成帙。

案：

据师陀先生《蒋平阶诗稿杂谈》考证，蒋平阶有诗稿抄
本一卷，并不是有计划编集的，可以推知最后一首诗写
成的时间是在壬辰与癸巳四月之间，这也就是抄本过录
的时间。底本是作者的原稿，经由朋友过录保留，过录
的人大抵为沈庆仲。

是年，朱彝尊游华亭。

1656年（明永历十年，清顺治十三年，丙申）

夏，魏耕过山阴谋事，结识平阶、朱士稚、祁班孙等反清
义士。

案：

魏诗作中与平阶有关者，如《萧山送别蒋平阶》《喜蒋平
阶见访莲花庄蒋时奉玄拟栖隐霄上》《送蒋平阶游山阴》
等。又：顺治十三年，魏耕作《丙申夏，以事之山阴，
客祁生班孙宅，其伯净超，毗耶居士后身也，他日邀余
游密园宴饮，因为醉歌》。魏耕素有诗名，与名士多有

酬答之作，其交好者有平阶、彝尊、大均诸人。

1657 年（明永历十一年，清顺治十四年，丁酉）

八月，冒襄主世盟高会，上下江友及子弟大会于秦淮，声势浩大。其子无逸、门生积贤与会。平阶亦或与会。

案：

是年，冒襄于南京与故旧雅集酬唱甚密，丁酉秋日世盟高会尤为显著。复社成员、反清义士及明之遗民子弟大聚，达九十四人之多。方中通《丁酉秋日父执冒朴巢大会世讲于白门》诗前注列举与会之人五十八名："戴务斿讳本孝，董德仲讳黄，麻天为讳乾龄，侯研德讳玄泓，魏交让讳允枛，邹子大讳拟海，彭古晋讳师度，周邨侯讳叔源，沈公浚讳洙，邹子玉讳拟泗，陈其年讳维崧，陈赓明讳玉琪，黄俞邰讳虞稷，徐安士讳宁，周寿王讳积贤，周式玉讳瑄，戴无忝讳移孝。储友三讳福益，陈半雪讳维嵋，李定远讳略，沈公理讳燮，陈弢仲讳锁，杨震伯讳□，蒋左箴讳无逸，夏无间讳敬，沈公梗讳榆，沈方邨讳泌……向者载书，被灾无存，记忆不全，姑录于此。"其时方以智、钱澄之俱在金陵密谋起事。陈寅恪先生《柳如是别传》第五章："方钱二人皆明室遗臣托迹方外者，此时俱在金陵，颇疑与郑延平率舟师攻南都之计不能无关。"故虽平阶名不在列，但

平阶次子、门生皆与会，以平阶密谋反清之行状，亦很
有可能参与此会。

与门生积贤翩然入越，与多位友人相聚同游，与吕相烈及吕
之再从叔师濂、弟洪烈等诗酒倡和，并为吕相烈之母相墓。此年
后，每年必游越地。

善成堂《天元五歌阐义》序："丁酉之岁，偕我周生翔
翔入越"，"时同游者多人。吕子相烈求卜一丘，奉葬
母"，"而吕之再从叔师濂及弟洪烈，先与予诗酒倡和，
得意忘形"，"以故酉戌之后，岁必适越，三浙以东，虞
江以西，足迹几遍"。

应谷应泰之邀，参与编撰《明史纪事本末》，撰写《东林党
议》(即《东林始末》)。

阚琉声《〈明史纪事本末·东邻党议〉与〈东林始末〉关
系考》："顺治时期谷应泰曾担任浙江提学佥事。两人有
着接触的可能。因此，蒋平阶被谷应泰招募编纂《明史
纪事本末》中的《东林党议》部分，不仅具有很大可能
性，而且简直是理所当然"，"后来，蒋氏这一史稿被单
独印行，改题目为《东林始末》，却未及进行必要的补充，
所以造成了蒋平阶《东林始末》与《明史纪事本末·东
林党议》并行流传而内容又几乎雷同这一状况。"[1]

---

[1]《〈明史纪事本末·东邻党议〉与〈东林始末〉关系考》，《齐鲁学刊》2015 年第 1 期。

案:

谷应泰顺治十三年任提督浙东浙西地方的学政佥事，于浙江提学任上考选公正，同时潜心学术研究。其《明史纪事本末》于顺治十五年（1658年）年末成书，同年有筑益堂本刊行。平阶参与其事，时间难考，姑系此。

1658 年（明永历十二年，清顺治十五年，戊戌）

春，游昆山。与葛芝同至叶方恒家中赏牡丹。

葛芝《媚初斋头看牡丹》诗云："扫径还看蒋诩来"，自注："蒋大鸿自云间至。"次年，葛芝《媚初斋中看牡丹有作》"昨岁看花地"句下注："去春，与小范、大鸿看花于此。"

案:

叶方恒于顺治十五年（戊戌）北上会试，年末还昆山；次年葛芝再至叶方恒处观牡丹。故知平阶至昆山拜访葛芝应在此年初。

客居嘉兴，与陈维崧、计东等相聚欢谈，门生积贤、亿年俱在。

陈维崧《南湖宴集同姜如农、陈淡仙先生、俞右吉、朱子葆、子蓉、严览民、计甫草、俞恭藻、余淡心、蒋驭闳、金天石、周寿王、沈齲祈、宋既庭御之、蒋篆鸿、徐世臣、任王谷赋》："我今落魄吴越间，一时豪杰争往还。……昨朝高宴俞郎宅，轻车宝马画相索。客子秃矜起弹筝，黄门胡床促行炙。（如农先生）。今晨更集鸳鸯湖，清阴画舫城南隅。……尊前莫惜玉箫频，明日分摧越水春。惟有红绡满川女，<u>盈盈私作采菱人</u>。"

陈维崧《赠徐世臣并示蒋驭闳》："檇李城中多故人，云间蒋生情最亲。……君不见，蒋生捉搦徐郎舞，吾辈风流映千古。"

《湖海楼文集》卷四《周寿王俞恭藻二子咏怀诗跋》："陈生客禾五十日，久之不自乐思归。先是杜陵生及沈生者已散去数日矣，俞子招周子同一小楼而处。"

案：

王晫《今世说》卷三："吴锦雯博物洽闻，贯串经史，尝与徐世臣辈创为恢丽瑰玮之文，天下诵之号为西陵体。陆丽京目之曰：天下经纶徐世臣，天下青云吴锦雯。"《今世说》卷八："徐世臣与陆丽京同舟下临平，诙笑百端，竟日相持。"

温睿临、李瑶《南疆绎史勘本》卷十七："仁和徐世臣于南都举明经，首为文，深刺匦臣之奸。士英怒，趣官旗逮之。时鲲庭为大行力争之，谓：'世臣十岁能文，历主东南坛坫，今朝廷新立，不宜轻名下士。'乃已。世臣后为僧，大畅宗风，号偍亭。"

与魏涝等葬故人王毓蓍遗骸于山阴梅里尖西阜。

邵廷采《东南纪事》卷八："死后十三年，友人蒋平阶、魏滂等葬之于梅里尖西阜。"

屈大均《明四朝成仁录》卷十二："其友蒋平阶、魏滂等会葬于山阴梅里尖之西阜而为文祭之曰……"

案：

王毓蓍殉难于乙酉，后推十三年为戊戌。

陈维崧作诗《赠蒋氏》。

案：

此诗未知赠蒋氏何人，但观其句，或为送别平阶之作。姑系此。诗云："船头载蒋生，船尾夏秋烟。手持绿玉杖，口诵青霞篇。……倏忽四五年，幸舍长淹留。历历寒山寺，闻寄相思字。不见寄书邮，空洒怀人泪。君住种山阳，几载发钱唐。谒帝三天子，蹉跌赤城梁。古来勾乘地，不减祝鸡乡。如经禹王庙，还饮玉妃浆。回首若耶溪，姓氏徒芬芳。"绿玉杖、青霞篇，吻合平阶入道后之形象。禹王庙、若耶溪、种山，皆指平阶常居之会稽。种山，即绍兴府山，在绍兴市西隅。宋孙应时《别越中诸生》："三年一榻占清闲，门外苍然是种山。步月迎风行乐地，从今应入梦魂间。"

与门生吕相烈同游绍兴等地，足迹遍三浙以东、虞江以西。

《天元五歌阐义》序："酉戌之后，岁必适越，三浙以东、虞江以西，足迹几遍。吕子同游日久，山川之变态，心目洞然。"

1659 年（明永历十三年，清顺治十六年，己亥）

永历帝逃入缅甸。郑成功称招讨大元帅，率十七万水路大军在崇明登陆北伐，围南京城，连战失利，退回厦门。

屈大均游嘉兴、南京等地，居祁氏寓山园。冬至会稽，谒禹庙。

十二月，平阶于会稽作《天元五歌阐义》。

> 善成堂《天元五歌》序："昔我师授我以玉函之秘……顺治己亥日月会于元枵之次，中阳大鸿氏题于会稽之樵风泾。"

> 案：

> 元枵，即玄枵。"日月会于元枵之次"，盖作于农历十二月二十一日。然此处颇有疑义：平阶既用玄枵之古历，大抵是为避清廷年号，隐晦以示不忘前明。但此处何必写"顺治"年号？何不如《支机集》之序，全隐去顺治之名。况四年之后《水龙经》之序依然云"天启下元甲子"，念念不忘大明，何早年之作竟写顺治年号？

> 又：《阳宅指南》诀前注"《天元歌》已有《阳宅》一篇，畅厥大旨。此卷作于甲子之冬，更补廿年所未备"。《阳宅指南》作于康熙二十三年，逆计之，廿年之前为康熙三年（1664 年），故《天元歌》中《阳宅篇》盖作

于康熙三年。顺治十六年距康熙三年尚有五年。此或平
阶所记有误，或《天元五歌》之序为他人所作，然皆不
可考。

门生周积贤卒。

案：

邹祗谟、王世贞《倚声初集》有顺治庚子年序，邹祗谟
于"河传（春雨）"一首下注有："观其弟书云：'（寿
王）十五岁作赋，又一年做骚，亡去遂不复作'。"可见
其于庚子之前便已不在世。《江苏诗征》卷八二云："王
屋云，寿王早慧，工诗，年未三十而卒。"《国朝松江
诗钞》卷十二云："（周积贤）没时仅三十。"积贤顺治
酉、戌尚在。其卒概在顺治己亥（1659 年）庚子（1660
年）之间。逆计之，其之生年概在己巳（1629 年）、庚
午（1630 年）或辛未（1631 年）之间。林玫仪先生推
断平阶与周积贤亦师亦友，年纪相差不大，在《支机
集完帙之发现及相关问题》中分析："蒋平阶之二子守
大、无逸，以及沈亿年之弟英节，又皆拜周积贤为师。
此种学生又收老师之子为门生的情形，甚为罕见。……
笔者颇疑蒋平阶与周、沈二人虽有师徒名分，实际年龄
相差应不甚多。"亦可证周积贤生于 1629 年左右，大抵
无差。

1660年（明永历十四年，清顺治十七年，庚子）

春，与好友余晓宗游绍兴。

> 《水龙经阴阳宅》"上下卷总论"："庚子春，偕吾友余晓宗，遇同郡邹子所，客有以《水龙经》一卷见示，与予所藏，大同小异。"

是年，寄书信与张煌言。

> 案：
>
> 张煌言《岁暮得蒋驭闳信兼见其新制寄赠二首》诗后云："蒋旧授御史，今入道"。诗其一："海峤玄云入岁除，远从苕水下双鱼。少微惨淡愁无奈，中散萧疏调有余。仙舄不妨神武外，法冠何似惠文初。鉴湖珠树今何在？黄鹤摩天未卜居。"其二："梅花一寄起相思，闻向江湖学采芝。吴市尚留仙尉迹，青门何限故侯悲。鸿冥岂为飞扬倦，骢瘦还应行步奇。独怪槎来十二载，只传柱下五千辞。"以平阶顺治二年至五年间入道计之，张煌言作此诗最晚不迟于庚子年，故系此。
>
> 又：师陀先生据张煌言诗，认为蒋平阶入道应在此年。

作诗《馀姚县城十四韵》《范季友邀饮吼山陶园》等。

> 案：
>
> 《雪桥诗话馀集》："（人从花底散，路入梦中疑。何日沧州兴，重来倒接罹）皆在越时作也。沈清玉《冰壶》谓：先生好谈青紫囊术，其《地理辨微》一弓，于郭璞

《葬经》下至杨赖诸家，悉加贬斥。"[1] 沈清玉，浙江会稽人，乾隆初举博学鸿儒。

刘献廷《广阳杂记》卷三："文墨师出诗集一编，标题云《钱荆山先生集》。予不识荆山为何如人，乃一会稽陶姓自浙东携来者，大约亦浙人也。诗虽不入彀，而笔力甚雅，每出人意表，近人中不数见者。中有朱竹垞、范季友诗，则斯人年亦不高，而复有《送雪峤大师诗》，似亦非后辈也夫。"

1661 年（明永历十五年，清顺治十八年，辛丑）

秋，施闰章奉命分守湖西。

《施愚山先生年谱》："秋，奉命分守湖西。"

1662 年（明永历十六年，清康熙元年，壬寅）

春，于扬州与陈维崧、王士禛、杜浚、邱象随、朱克生、张养重、袁于令、陈允衡、刘梁嵩等修禊虹桥。

《渔洋山人自订年谱》："是岁，有事江阴。登君山归，过丹阳，登观音山，临曲阿后湖，皆有诗，刻《壬寅集》于金陵。其春，与袁子令莽庵诸名士修禊红桥，有《红桥倡和集》。"惠栋注补："杜于皇浚、邱季贞象随、

---

[1] 北京清华学校研究院：《国学论丛》第一卷第二号（出版者不详），1927 年版。

蒋平阶研究

朱秋厓克生、蒋釜山阶、张山阳养重、刘玉少梁嵩、陈伯玑允衡、陈其年维崧。"

案：

红桥，亦名虹桥。

秋，做客如皋水绘园，为陈维崧序词。

上海涵芬楼藏惠立堂刊本《湖海楼诗集》卷一《惆怅词二十首别云郎》蒋大鸿《惆怅词序》："徐生紫云者，萧郢州尚幼之年，李侍郎未官之岁，技擅平阳，家邻淮海，托身事主，得侍如皋。大夫极意怜才，遂遇颍川公子。分桃割袖，于今四年，虽相感微词，不及于乱。若乃弃前鱼而不泣，弊轩车而弥爱，真可谓宠深绿耩欢逾绛树者矣。维时秋水欲波，玄蝉将咽。公子乃罢祖帐而言旋，下匡床而引别。江风千里，讵相见期，厥有惆怅之篇，曲尽离忧之致。仆岂无情，岂能胜此。伤心触目，曾无解恨之方。拊节和歌，翻作助愁之句。一时同人争和，是题诗多不载。"

案：

冒广生《云郎小史》案："蒋是时亦客水绘。"张次溪《清代燕都梨园史料续编（序起）》："《惆怅词二十首·别云郎》盖作于康熙壬寅，附有蒋大鸿序，云：徐生紫云者，萧郢州尚幼之年，李侍郎未官之岁……"[1]

---

[1] 张次溪：《清代燕都梨园史料续编》，北平松筠阁书店1937年版。

1663 年（明永历十七年，清康熙二年，癸卯年）

仲冬，于丹阳编撰《水龙经》五卷毕。

> 《水龙经·序》："自鸿蒙开辟以来，山水为乾坤二大神器，并雄于天壤间。……予不揣固陋，欲为后此通人彦士执辔前驱，乃因无极之传，发抒要妙，尽泄杨公之诀。……未几，又得《水龙经》若干篇，乃叹平阳龙法，未尝无书，但先贤珍重，不肯漫泄于世尔。因无刊本，间有字句之讹用，加校雠诠次成书，编成五卷。……稀世之宝，唯有德者当之，尚其知敬也欤，尚其知惧也欤。时天启下元甲子越四十年岁次癸卯，律中黄钟，后学杜陵蒋平阶大鸿氏题于丹阳之水精庵。"

案：

《水龙经》有"故宫"抄本、"指海"本、"泽古斋"重抄本等。"故宫"抄本序中落款"时天启下元甲子越四十年岁次癸卯律中黄钟后学杜陵蒋平阶大鸿氏题于丹阳之水精菴"，"指海"本序中落款"时天启下元甲子岁次癸卯杜陵蒋平阶大鸿氏题于丹阳之水精庵"，"古今图书集成"本序中落款为"时下元癸卯杜陵蒋平阶大鸿氏题于丹阳之水精庵"。可见《水龙经》之编撰当不晚于癸卯年。天启下元甲子为1623年，越四十年，为1663年癸卯。律中黄钟，乃指仲冬之月。此时平阶依然用明天启纪年，可见此时仍心系大明。《借月山房汇钞》本落款为"杜陵蒋平阶大鸿氏题于丹阳之水精庵",无甲子岁次癸卯之句。

1664年（明永历十八年，灭于清；清康熙三年，甲辰）

与顾当如、子蒋左箴游淄川，与张笃庆等定交，剧谈风雅，汇有《倡和集》。

> 《厚斋自著年谱》："康熙三年甲辰，余年二十三岁。是岁，云间蒋大鸿、左箴父子，乃梁溪顾当如，来游于淄，与余剧谈风雅，共订千秋，酬唱遂多，游宴相续。……而蒋、顾诸君子，亦从此南北云飞，宾朋寥落矣。是年，有《乐府杂诗》，有与蒋、顾《倡和集》。"

案:

> 张笃庆《崑苍山房集》有《东皋社集同云间蒋左箴、梁溪顾当如》《题蒋杜陵手定书目后长歌》《蒋大鸿侍御放言》《龙兴寺同蒋左箴、王鹿詹、蒲留仙限韵》《登般城放歌，同华亭蒋左箴、梁溪顾当如、同邑王栗里》《长歌赠云间蒋左箴》等诗词，足见与平阶关系甚洽。

邀张笃庆为从父蒋尔扬作《蒋道州方虞先生直节歌》。

案:

> 蒋尔扬，蒋日华子，字抑之，号方虞，万历四十三年举人，官至道州知州。

七月，张煌言被捕；十月，成仁于杭州。

1665年（康熙四年，乙巳）

正月初三，与陈维崧、史惟圆游宜兴城南。

> 上海涵芬楼藏惠立堂刊本《迦陵词全集》卷十五《八节
> 长欢·元日后二日，积雨新晴，偕大鸿、云臣散步城
> 南，望铜官一带翠色，眷恋久之，不克游南岳而返》。
> 案：
> 《迦陵词全集》卷十五有《八节长欢·乙巳元日》。此作
> 紧随其后，疑同时所作。姑系此。
> 《全清词钞》卷五："史惟圆，原名策，一字若愚，字云
> 臣，江苏宜兴人，有《蝶庵词》四卷。"

正月初七，拟赴铜陵等地。

> 陈维崧《清江裂石·人日送大鸿由平陵宛陵之皖桐》：
> "彩燕粘鸡斗酒天，轻软到钗钿。准拟暗尘元夜，觅罗
> 帕，月底灯前。……二月向龙眠。枞阳城下，可还有，
> 士女秋千。西望是浔阳，琵琶亭下，见说道边愁，已入
> 新年。对东风，倚江楼，倘遇鲤鱼红尾，寄我碧桃笺。"
> 案：
> 宛陵，即宣城；枞阳，即铜陵。平阶或于甲辰年由平
> 陵、淄川南下，甲辰末乙巳初小住于宜兴，拟再往宣
> 城、铜陵等地。由宣城、铜陵等西下，即为九江等地，
> 故云"西望是浔阳，琵琶亭下"。

冬，游宣城。携子无逸，与梅清、梅素、梅庚、杨天培、杨

五俍、汪懋麟、陈世祥、朱万锜、贺宿、邹祗谟、白彦良、唐允甲、沈泌宴集敬亭山，分韵赋诗。

> 梅清《瞿山诗略》卷九甲辰《冬日，招同樵李朱洁湘、杨天培、五俍、陈散木，云间蒋大鸿、左箴，丹阳贺天士，毘陵邹程村、白祗常，广陵汪蛟门，同郡唐耕坞、沈方邺、家素五、耦长敬亭山燕集分赋》。

案：

《瞿山诗略》将此作编入《阮余集》癸卯甲辰，恐误。陈世祥《宛东诗原序》云："余与瞿山梅子别二十年余矣，今年秋仲复过敬亭"，尾署"乙巳秋仲"。故此作应于乙巳年。冬，梅清邀平阶诸人于敬亭山宴集，宿巢云楼，诗酒唱和，后刻《敬亭唱和集》，收诗三十五首、词九首。平阶和五古两首、原唱五排一首，蒋无逸和七律一首、原唱五绝四首。

光绪《宣城县志》卷十八："梅清，字渊公，号瞿山。英伟豁达，读书辄竟夜不寐。既长，以博雅负盛名。顺治甲午举于乡。……善画理，墨松尤苍雄秀拔，为近来未有。有《瞿山诗略》《天延阁》前后集行世。"

嘉庆《宣城县志》卷十七："梅庚，字耦长，号雪坪，晚号听山。……旋授泰顺令，以经术佐吏治，有循良声。"

同治《湖州府志》卷六十三："朱万锜，字洁湘，桐乡举人。顺治中，署德清教谕，讲程朱正学，为正谊社以课士，士彬彬化之。历九年，迁任乐陵。"

光绪《重修丹阳县志》卷二十："贺宿，字天士，号客星，附贡生。"

乾隆《武进县志》卷十："邹诋谟，字讦，顺治戊戌进士。事母以孝称。"

光绪《武进阳湖县志》卷二十二："白彦良，字祗常，康熙三年进士，任浙江云和县。"

嘉庆《宣城县志》卷十七："唐允甲，字祖命，号耕坞。……会权臣披剥善类，允甲遂遁迹溪山，以诗酒自娱。所著诗文数十余卷行世。"

施闰章作诗《答蒋大鸿》。

愚山先生《答蒋大鸿》："昨夜鄱湖风浪起，飞出江南一只鲤。……十年不肉亦不妻，南游江楚东会稽。寻山自具客儿癖，挥策直蹑青云梯。……登我溪上阁，坐看敬亭山。把杯半醉叫李白，谢公楼畔时往还。我欲因之附归梦，枫林踯躅摧心颜。"

案：

"十年不肉亦不妻"，指平阶入道之事。"客儿"，谢灵运小名。灵运好营园林，游山水，于会稽东土隐居。"寻山自具客儿癖"，谓平阶有灵运之风。此诗或作于早前，姑系此。

姜希辙为毛奇龄之父作《敬翁毛老伯先生八秩寿图小言》。

案：

希辙为汝皋之父。《绍兴府志》卷之五十八人物志二十一："姜希辙，字二滨，余姚人，世居郡城，工部郎中天枢子也。明崇祯壬午举顺天乡试。……辛丑分校会试。家居数年，复起为户科，至奉天府丞，引疾归。希辙，名家子，畅晓庙堂典故。……及还家，修士大夫居乡之礼，凡郡中利害，必白当轴者，不以嫌怨而少避。老成凤学，若黄宗羲、蒋平阶、毛奇龄辈，皆馆于家，以主盟艺林，四方之士趋如流水，遂名彻海内。自希辙捐馆，而前辈风流熄矣。年七十八卒。子垚，字汝皋，国子监学正。"《清史稿》列传六十九："康熙元年，（姜希辙）考满，内升，回籍待缺。九年，诣京师，复授户科都给事中。具三疏：请增科员；请令巡抚得辖兵，防地方窃发；请缓奏销之期，使催科不迫。迁顺天府丞。遭父丧归。十七年，授奉天府丞。乞养母归。三十七年，卒于家。"则可推希辙生于1620年、卒于1698年。王晫《今世说》卷二："姜定庵为温州教摄瑞安县事，适寇至，时寇轻瑞安用少尝之，姜帅镇兵之守门者数十人骤杀而出，贼遁。后又大至，姜乃敛民家碗瓿凡百余，丹纸泥其唇，以唇四向架障间，贼望见瓿，惊以为列炮，不敢近（姜名希辙，浙江会稽人，累叶承

华，蚤驰骏誉。壬午举孝廉，历官京兆。为人敦朴达
权，和易凝直，名业冠于一时）。"其事亦可参见黄宗羲
《姜定庵先生小传》。

1666 年（康熙五年，丙午）

是年，朱彝尊客晋藩署。顾炎武游太原，与朱彝尊定交。南
海屈大均来关中来会毛奇龄。[1]

1667 年（康熙六年，丁未）

是年，平阶与黄宗羲、毛奇龄等挈弟子于会稽拜会董瑞生。

案：

姚名达《邵念鲁年谱》转邵念鲁《思复堂文集》"东池
董无休先生传"："董瑞生，字叔迪，更名瑒，号无休，
会稽人。明亡后，散发缁衣，雠录蕺山刘子全书。诫其
子，学在居敬，能守曲礼，由是而之程朱之门不远矣。
自蕺山完节后，证人之会不举者二十年。康熙六年，瑒
请蕺山高弟子张奠夫、徐泽蕴、赵禹功等集古小学，敷
扬程朱王刘家法。于是黄宗羲、宗炎、毛奇龄、蒋大鸿
（字）等皆挈其弟子，自远而至。值督学使者，按越下
县，会者近千人。越中士习，复蒸蒸起矣。"[2]可见平阶

---

[1] 详见张穆《顾亭林先生年谱》260 页，《北图珍本年谱丛刊》第 72 册。
[2] 姚名达：《邵念鲁年谱》，商务印书馆 1930 年版。

　　　　　　　　　　　　　　　　　　　　蒋平阶研究

等人拜会董瑞生至少在康熙六年之后。姑系此。

十二月，平阶作《葛龙仙五十初度序》，贺葛芝五十寿诞，纪念与葛芝的深厚友情。

《葛龙仙五十初度序》："葛子论交，百里之近，必先及余。"

是年，毛奇龄得姜希辙之助，援旧廪生籍。

毛奇龄《西河集》卷一百一《自为墓志铭》："得姜希辙之助，援旧廪籍例，输赀入国子为廪监生。"

1668 年（康熙七年，戊申）

秋冬，施闰章游浙、闽，有《三山游草》。

毛奇龄于绍兴参与黄宗羲之讲会。

1669 年（康熙八年，己酉）

初夏，平阶作诗《送李分虎之滇黔》。

《送李分虎之滇黔》："万里南中路，春风入五溪。地分铜柱北，山险桂林西。……水出滇池倒，天临瘴岭低。鸟言通八部，绣面接诸黎。……汉使难重问，磨崖不可梯。乌蛮新幕府，属国旧朱提。君听南征曲，能令乡思迷。山深鹦鹉语，花老杜鹃啼。河外青蛉县，关前白马氐。还将碧鸡赋，迟尔到金闺。"

案：

《李符年谱》："康熙八年己酉。初夏，符年三十一始，散发扁舟，仗剑辞亲远游。预计三年后回。……十月，贵州，欲赴昆明。在黔时与友人唱和、唱别等事。……冬，昆明。与友人唱和。张纯熙提学贵州，见其诗歌，亲访罗致之，改官滇南，复偕之行。"

又：顾修嘉庆年间见《庐山行脚图》，李符自跋云"岁己酉，客洱海，访碧鸡山道士"。方光琛为《香草居诗》序云"嘉禾李分虎寓滇四年"。《布衣李君墓表》云"顾君郁郁不得志，乃仗剑为万里之游。初入黔中，副使张公纯熙提学贵州，见其诗歌亲访罗致之。改官滇南，复偕之行。……岁癸丑，太夫人六十，时武曾馆贵阳曹开府署中，先以书约，乃以六月去滇抵黔中"。己酉为康熙八年，癸丑为康熙十二年，期间四载，足证李符至少于己酉年已经入滇。故平阶此诗盖作于己酉之夏。

1670 年（康熙九年，庚戌）

是年，陈维崧思念平阶，作诗感慨平阶乃"萍梗遗叟""峥嵘老兵"。

陈维崧《南柯子·席上赠让侯时客有语及蒋大鸿者因并忆之》："萍梗成遗叟，峥嵘任老兵。停杯忽忆杜陵生，今夜一钩新月，若为情。"

案：

《迦陵词全集》卷四有《探春令》"庚戌元夜"等三首，其后即接《南柯子》三首，其二即为"席上赠让侯时客有语及蒋大鸿者因并忆之"，故此诗盖为此年所作。姑系此。

1673（康熙十二年，癸丑）

居会稽。得施闰章《寄蒋大鸿》一书。

施愚山《寄蒋大鸿》："先生遂为越人耶？相去六百里，日日说出门不可得……去秋薄游黄海，见所未见。自今以往，决计一游天台、雁荡，便坚卧双溪草堂老矣。……又黄山游草一帙，沘笔直示，可当谈宴。"

案：

《施愚山先生年谱》："康熙十一年壬子，先生五十五岁，归里门，秋游黄山……又黄山游记、又有丰山重九游宴序。"以此计之，"去秋薄游黄海"则证此书写于康熙十二年。又：辛亥年，施愚山曾约方以智游黄山，方作《得施愚山书约来年游黄山》。次年（壬子）八月八日，施愚山作《黄山游记》。

《施愚山先生年谱》载"康熙十六年丁巳，先生年六十岁，归里门。夏，携季弟就婚新安。秋，游天台、雁宕。冬仲归"。《寄蒋大鸿》谓"自今以往，决计一游天台、雁荡，便坚卧双溪草堂老矣"，亦证此书应作于康熙十六年之前。《华亭县志》谓平阶"乐会稽山水，遂止焉"，《绍兴府志》云"乐会稽山水，遂家焉"；施愚山书中云"先生遂为越人耶",可见平阶最终定居会稽,至晚应在癸丑之前。

1675（康熙十四年，乙卯）

为周稚廉《容居堂词》题词。

> 《容居堂词题词》："词章之学，六朝最盛。余与阳羡陈其年、萧山毛大可、山阴吴伯憩力持复古。今得冰持，而海内有五矣。昔贤谓等身著作，今冰持所著亦复尔尔，谁谓今人不及古人也？"
>
> 案：
>
> 冰持为云间宿来之孙，年少有才，十岁便"填词能和调"，渔洋称之"下笔千言"，有《容居堂诗钞》七卷，《容居堂词钞》三卷，传奇数十种。周巩平先生考其生卒为1657年至1692。[1] 依其"年弱冠耳"，"间出为词余"，"见所作已有数十种"（愚谷老人《珊瑚钗传奇序》），康熙十四年冰持年十八，弱冠之前，姑将此文写作时间定此。

1676（康熙十五年，丙辰）

子左篯从高凉抵广东羊额，拜会陈恭尹。陈恭尹作《答蒋大

---

[1] 周巩平：《清初戏曲家周稚廉生平补正》，《文学遗产》2005年第6期。

鸿》书。

《答蒋大鸿》:"大鸿先生足下:慕风义读文章之日久矣,不敢辄自拜书。令郎南来,忽荷手札先及,感激之外,知先生留意一世人才,若此其亟也。汉人有言,处士纯盗虚声。今之世,不出而求禄,天下必以高归之。然弟之不出,分也,非高也。而往来之口,遂有为先生道之者,无乃所谓闻似人者而喜乎!落落三十年,处士大都老矣,将惧终无以自白其虚实于天下也。高凉去广州千里,第又居乡落间,令郎到粤,一年乃得相见,殊惭疏略。佳刻拜会,其妙不俟今知之,愧无以为报耳。"[1]
案:

此处"令郎",大抵为平阶次子左箴。姜垚《柯亭词》卷二有《愁春未醒·挽蒋左箴》,题下小注云:"左箴,杜陵先生次君。"词云:"乍游瘴海,罗浮仙峤,几度寒梅",可见左箴去过闽、粤等地。左箴何时去广州拜访陈恭尹,实不可考。据"然弟之不出,分也,非高也"、"落落三十年,处士大都老矣,将惧终无以自白其虚实于天下也"等句,可以推测几种可能:其一,永历三十二年,陈氏因与尚可喜有旧交而被指涉"三藩之乱",遭下狱,关押200日后始得解脱,出狱后定居广

---

[1]《独漉堂文集》卷之六,续修四库全书·集部1413册。

州城南，从此避迹隐居，自称"罗浮布衣"。若以此时计，则左篯拜会之时至晚不过1679年左右。康熙十七年秋下狱之事，对陈"自有生以来未有斯者"，此手书无一句所及，可见此书大抵在此事之前。其二，陈氏永历五年至八年于福建、江西、浙江、江苏等地访友及行反清复明之事，永历八年春返粤，居增城新塘，与湛粹次女湛银成婚。若以此后推三十年，则左篯拜会大致在1684年左右。其三，陈氏永历十二年前往云贵，欲投奔南明永历帝，因清军封锁至湖南湘潭，改道北上，转徙湖北、江苏、河南等地，参与张煌言举事，此时应与蒋平阶有交结。若以此后推30年，则左篯拜会大致1688年或1689年左右。其四，听闻永历帝逃至缅甸之后，陈氏失望返回增城新塘。永历十五年，闻永历帝被俘，陈携眷隐居顺德羊额，潜心治学。若以此后推30年计，则左篯拜会大致在1691年左右。然陈维崧《红林檎近，大鸿有西河之戚，作此代唁》下有作者自注："大鸿次子无逸，没于岭南幕中。"陈维崧于1682年去世，可见左篯拜会陈恭尹不会在1682年之后。又：《迦陵词全集》在此作之前，有《祝英台近·送陆云士之任郏县》，陆次云入郏县为康熙十八年后事，亦可证左篯之殁在1679年之后、1682年之前。其五，以永历元年陈父及家人亡于战乱后推30年，则为康熙十五年左右。

其永历十五年隐居顺德治学十余年闻名于世，故陈氏有"然弟之不出，分也，非高也。而往来之口，遂有为先生道之者，无乃所谓闻似人者而喜乎"等语，其时陈氏避居羊额等地，故有"第又居乡落间"之语。则左箴拜会其时大致在1676年左右。综上所述，左箴拜会陈氏，大抵在1675—1679年。姑系此。

又：康熙十二年吴三桂起兵，十三年耿精忠在福州响应，十五年尚之信在广东响应，其时屈大均等参与其事，左箴入岭南幕，或即此时。

1677（康熙十六年，丁巳）

六月，撰《传家阳宅得一录》

嘉庆丁卯年刻本《传家阳宅得一录》后记："岁在丁巳六月蒋平阶大鸿氏撰"。

是年，为陈维崧《迦陵词集》作序。

《迦陵词稿·陈其年词序》："予与其年壬辰定交，早定此目，迄今二十五年，所见后来之儁不知凡几而终，不能易我昔日之言，何哉？岂天之生才止有此数乎哉？其年诗、古文，虽世人不能尽知，然大率震于其名，知与不知同声推服，独填词为其年生平所最忽，未有专书。予以为此不足轻重乎？其年也，今复示予《迦陵词集》五卷，予发而读之，窃谓今日之为词者，又何可废矣。……吾谓其年词之工，不工于其年之词而工于其年之才。人必见其年之词而后称其工，何足以知其年也。"

案：

壬辰年为顺治九年，后计二十五年，则为康熙十六年。

姜垚辑《柯亭词》，平阶作《柯亭词序》。

《柯亭词序》："余纵心栖遁，啸歌自适，遂于词章声律，稍稍浸淫，此亦古今人之一大窟宅也。我遁其中，若华胥古国，谁复知人间世有此纷拏者乎？乐矣！……故年来徙越，特近苍崖姜氏，盖日夕交勉，不在世人纂组之末矣。苍崖家学有源，自命不苟，既博涉孔老之书，又于天官、地志、医药、象数之余，罔不探其蕴奥，冀措诸施行。鹤立同群之中，用世之才也。今将学仕，以试其生平所揣摩，尺组方赓，仔肩涞及，乃征鞍之上，忽有填词数十阕，何其翱翔自得也。"

案：

王叔道《柯亭词话》："丁巳之夏，予过两水亭，苍崖手一编相示，俨然成帙。"其弟汝长亦谓："我兄向承家学，……今春忽作小词，旨趣绝丽。"则平阶为姜氏作柯亭词序不早于此年。

姜垚，会稽姜希辙之子。有《易原》《四书别解》《樗里山樵稿》《柯亭词》《地理辨正注》《平砂玉尺辨伪总括歌》等，传为平阶玄空堪舆入室弟子。四库全书中《皇

朝文献通考》卷二百十四毛奇龄撰《见易类》："学校
问前，答门人张希良问学校之名，继答门人吴鼎问庙学
中先师设主因及乡饮养老之礼，又因门人姜垚问九室五
室之辨，故复着明堂问一篇。"朱彝尊撰《经义考》卷
六十七谈姜垚《易原》："宋俊序曰：六经皆圣人治世
之书，而易独为圣人治心之学。治世者，本乎人；治心
者，原于天。自庖牺一画而三圣人各阐其秘，后贤虽竭
其推测，亦听夫人之自为易而已。……《易原》一书，
姜子治心之书也。举六十四卦而皆返之于心，即皆合之
于天，于忧患中而悟洁静精微之旨，直与匡鼎说《诗》
郭象注《庄》等而，岂艰深怪僻如扬雄、焦赣者同日而
语哉。"对姜垚的易学大加褒奖。毛奇龄有《宝刀歌送
姜垚远行》，云："姜垚公子游晋阳挟宝刀以随"，"携之
入晋阳，翼翼惊游龙"，"天门阚外杨花白，翩翩公子裘
马新"，可见姜垚颇有侠义古风。屈大均《喜姜汝皋自
越州至·其二》云："韦氏温恭甚，威仪总玉珂。家风
多讽谏，祖德更弦歌。"盖誉其父辈之事。

1678 年（康熙十七年，戊午）

朝廷开博学鸿儒科。故人欲举荐平阶入仕，平阶疾驰书止之。

《绍兴府志》："康熙十七年，朝廷开史局，征博学鸿词，
故人欲为平阶地，亟驰书止之。"

案：

《康熙实录》卷七一"上谕"："凡有学行兼优、文词卓越之人，不论已仕未仕，令在京三品以上及科道官员、在外督抚布按，各举所知，朕将亲试录用。其馀内外各官，果有真知灼见，在内开送吏部，在外开报督抚，代为题荐。"王士祺《池北偶谈》卷二："时阁部以下，内外荐举者一百八十六人。"师陀先生认为要推荐平阶入史馆纂修《明史》的故人"就是毛奇龄，即萧山毛大可。"此处颇可再议。荐博学鸿词科者，需"在京三品以上及科道官员在外督抚布按"及"其馀内外各官"，毛西河其时并未有官职，次年才入博学鸿词科二等。若果为平阶地，也至多向某官员举荐，再通过此官员荐平阶，不可能自行举荐。另一个可能是，当时欲举荐平阶的人是徐乾学。康熙九年（1670年）徐为进士第三名，授编修，其为顾炎武外甥，与平阶熟知，有可能举荐平阶。

秋，陈恭尹因三藩之乱下狱。

1679年（康熙十八年，己未）

三月，陈维崧、汪琬、朱彝尊、施闰章、毛奇龄、尤侗诸友入博学鸿儒。

王渔洋在翰林充明史纂修官。

　　　　　　　　　　　　　　　　蒋平阶研究

1680 年（康熙十九年，庚申）

七月，康熙赐藕予朱彝尊。彝尊时颇为朝廷宠遇。

1681 年（康熙二十一年，辛酉）

作《地理辨正》之《序》与《辨伪文》，明示门生惟有丹阳张仲馨、丹徒骆士鹏、山阴吕相烈、会稽姜垚、武陵胡泰征、淄川毕世持诸人。

> 《地理辨正》序："通三才之道曰儒，故天官地理，皆学士家穷理之本业。而象纬之学，正三统测灾祥，属有国家者之事。独地理为养生送死，生民日用所急，孝子慈孙尤不可以不谨。……余少失恃，壮失怙，先大父安溪公早以形家之书孜孜手授，久而后知伪学之非也。思穷径绝，乃得无极子之传于游方之外。……故论断诸书汇为一编，其俎豆之与爱书皆以云救也。于姜诸子问业日久，经史之暇旁及此编，岂好事哉。我得此道，以释憾于我亲。从我游者，皆有亲也。姜氏习是编而遽梓之以公世，其又为天下后世之有亲者加之意欤？允哉，儒者之用心也已！"

> 《地理辨正》辨伪文："仆弱冠失恃，先大父安溪公命习地理之学，求之十年而始得其传，乃以所传遍证之大江南北古今名墓，又十年而始会其旨，从此益精求之。又十年而始穷其变，而我年则已老矣。……夫岂不欲传之

其人？然天律有禁，不得妄传，苟非忠信廉洁之人，未许与闻一二也。丹阳张孝廉仲馨，丹徒骆孝廉士鹏，山阴吕文学相烈，会稽姜公子垚，武陵胡公子泰征，淄川毕解元世持，昔以文章行业相师，因得略闻梗概。此诸君子，或丹穴凤雏，或青春鹦荐，皆自置甚高，不可一世，盖求其道以庇本根，非挟其术以为垄断，故能三缄其口，不漏片言，庶不负仆之讲求尔。……近闻三吴两浙都有自称得仆真传以自衔鬻者，亦有自撰伪书，指为仆之秘本以瞽惑后学者。天地之大，何所不容？但恐伪托之人心术鲜正，以不正之术谋人身家，必误人身家，以不正之书传之后世，必贻祸于后世，仆不忍不辨，惟有识者察之。"

案：

两峰书屋抄本《地理辨正》序云："辛酉华亭蒋平阶大鸿氏敬告"，可见平阶之序与辨伪文应在此年。

后世以平阶弟子自居者甚众，然真伪难辨。如民国二十四年《川沙县志》卷十六《人物》云："汪森增，字柏甫，原籍徽州，迁高行，至森增已三代，入上庠。性伉爽，急公好义。洪杨之役，办团练，卫乡里，地方公益，无役不从。善风鉴，识黄晋于童子时，以女妻之，后晋果为名孝廉。又精堪舆，得蒋大鸿真传，门下极盛。及卒，门弟子私谥曰'清刚'。"

　　　　　　　　　　　　　　蒋平阶研究

1682 年（康熙二十一年，壬戌）

是年：

陈维崧卒。

顾炎武卒。

1683 年（康熙二十二年，癸亥）

是年：

施闰章卒。

1684 年（康熙二十三年，甲子）

冬，撰《阳宅指南》。

《阳宅指南》诀前注："《天元歌》已有'阳宅'一篇，畅厥大旨。此卷作于甲子之冬，更补廿年所未备。"

为刘氏卜寿藏。

《从师随笔》："甲子年，杜陵夫子为刘姓卜寿藏，图中注明甲申后二十年，除力士五黄加临外，年年可葬，惟不可兼巳亥，兼则气不纯。余询师何故，但笑而不答。"

案：

《从师随笔》传为姜垚所著，然此文除见于《沈氏玄空学》一书附载，别本皆无，其所记之事，疑窦甚多。如载平阶"在魏相国家中得秘笈"就颇多漏洞。魏裔介，清初大臣，顺治三年进士，选庶吉士，四年授工科给事中，官至左都御史、太子太保、吏部尚书、保和殿大学士、太子太傅。《清史稿·列传》四十九："裔介居言路最久，疏至百余上，敷陈剀切，多见施行。生平笃诚，信程、朱之学，以见知闻知述圣学之统。著述凡百余卷，大指原本儒先，并及经世之学。家居十六年，躬课稼穑，循行阡陌，人不知其为故相也。雍正间，祀贤良祠。乾隆元年，追谥文毅。"此人受清廷恩宠甚重，钱穆《中国近三百年学术史》"清初之朱陆异同论"："（魏裔介）同属贰臣，而裔介仕清尤忠荩，画进取滇、黔之策，竟如所规以覆明。又建言'宜择大将领满洲兵驻防滇、黔、川、楚间形势以销奸萌'，议虽不行，然裔介为满洲谋宰割汉人，其因事纳忠，固可嘉矣。故裔介仕宦极得意，蒙恩眷"。依平阶拒清之形状，与魏裔介盖难亲近如此，更不可能在其"家中得秘笈"。有人认为乾隆年间魏青江著《宅谱指要》，其猎取《玉镜经》之法，自谓得柏乡魏相国家藏之古宅书，故而评价他"其实师蒋大鸿的故智而已"。指摘魏青江，却因"魏相国"一事，把蒋平阶牵涉进去。《从师随笔》仅从沈氏玄空学一书中所见，云胡伯安所藏，其余古本无所见，其来龙去脉不可细究，未可全信。

1686 年（康熙二十五年，丙寅）

为余家卜地。

> 《从师随笔》："丙寅年复为余家卜一地，图说亦如是。
> 因询之，师曰，子学尚不足以语此，以待来兹。"

朱彝尊辑《经义考》。

1687 年（康熙二十六年，丁卯）

王渔洋移居南城旧第。

黄宗羲校勘刘宗周文集。

1688 年（康熙二十七年，戊辰）

游越地。

> 《从师随笔》："戊辰年，杜陵夫子又游越。"

在余姚谒黄宗羲。

> 《从师随笔》："一日谒梨洲，梨洲未之奇也。我师从不
> 二谒。梨洲自卜寿藏，我师时在余姚，遣其子百家持图
> 请我师鉴定。师即信手书数千言，反复论其地之不合
> 时。梨洲见之，曰：'何蒋生之深于易哉。'次日，访师
> 于寓次，坚请卜地，时欲归云间，固辞焉。"

案：

> 《黄梨洲先生年谱》载："二十七年戊辰，公七十九
> 岁……筑生圹于忠端公陇畔，内设石床，有《筑墓杂

言》。"若平阶为梨洲先生堪地，应在此年。然《从师随笔》此处颇可再议。如"梨洲见之曰，何蒋生之深于易哉？次日，访师于寓次，坚请卜地"等言，未必可靠。一则，梨洲先生筑生圹，对安葬之事有着自己的周密设想，对自己所选之生圹较为自信，未必需要旁人之建议。如在《梨洲末命》中谈及："余圹虽成，然顶未淋土，非三百担不可，此吾日夕在心者也。吾死后，即于次日之蚤，用棕棚抬至圹中，一被一褥，不得增益；棕棚抽出，安放石床，圹中须令香气充满，不可用纸块钱串一毫入之。随掩圹门，莫令香气出外。墓前随宜分为阶级、拜坛，其下小田，分作三池种荷花。春秋祭扫，培土要紧，切不可以一两担循故事而已。其祭品干肉一盘、鱼腊一盘、果子两色、麻粢一盘、馒首一盘。上坟须择天气晴明。第一不可杀羊，天雨变为堂祭，此流俗无礼之至也。凡世俗所行折斋、做七，一概扫除……有石条两根，可移至我圹前，作望柱，上刻：不事王侯，持子陵之风节；诏钞著述，同虞喜之传文。若再得二根，架以木梁，作小亭于其上，尤妙。"二则，梨洲先生对生殁之观念，极豁达，如在《葬制或问》中云："孝子之居丧，必诚必信。诚信贯于幽明，故来格来享。欺伪杂于其间，精诚隔绝。宗庙之馈食，松楸之霜露，其为无祀之鬼矣。孟子之礼匡章，以其不欺死父也。父之不善，尚不敢欺，父之不循流俗，何不善之有？顾使其形骸不能自主，则棺椁同于敝盖，人亦何乐乎有子也！"又如在《剡中筑墓杂言》所言："空谷羣羊羣相杵频，野狐蛇鼠不相亲，应知难免高人笑，苦恋生身与死身。荒山土阜柏交加，曾是当年书满家，日后夕阳谁下马，还能闻得木樨花？"《从师随笔》在此地言梨洲先生兢兢然求平阶堪地，似言过其实。

欲葬亲于余姚，门生姜垚资二千金买墓地。

《从师随笔》："我师将葬亲于余姚，无资购地，余以二千金报之。"

案：

其时平阶父母早已殁，丁亥之难妻停离失，次子左箴殁于岭南幕中，不知此葬何人。《研堂见闻杂录》："（丁亥之岁）时株连者，皆天下名士，如陈子龙、侯峒曾、顾咸正、蒋雯阶辈，无不狼藉诛夷，妻孥俘虏。"陈维崧《赠蒋驭闳》："千金有意思葬父，七尺无聊欲报仇。"此诗大略作于三十余年前。施闰章《答蒋大鸿》云其"十年不肉亦不妻"，可见后未再娶。足见此时应不为父母及妻妾事。亦或为亲迁墓。

授姜垚子癸并甲申口诀二十八句，姜垚始注《奥语》。

《从师随笔》："使者归，授余以子癸并甲申口诀二十八句，乃知子癸甲申贪，卯乙未坤壬巨，辰戌乾亥巽巳

武，酉辛丑艮丙破，午丁寅庚弼。来书谆谆告诫，谓此
秘中之秘，惟子可以知之，慎勿泄漏一二也。余得此诀
后乃注《奥语》。”

1690 年（康熙二十九年，庚午）

游绍兴。门生姜垚注《奥语》之书毕，平阶谓其注释过于
显露。

《从师随笔》：“庚午年，《奥语》告成，杜陵夫子又来
越，谓余注'识掌模'二句，未免显露，乃改正之。”

1693 年（康熙三十二年，癸酉）

朱彝尊、屈大均、陈恭尹、梁佩兰等相聚于广州。

＊依《南明史》及王沄所记，平阶寿年七十一，以生年1622
年计之，概于壬申、癸酉间卒。

1696 年（康熙三十五年，丙子）

是年：

屈大均卒。

案：

《屈大均年谱》：“五月十六日先生卒。……临终之日，
叱诸妇人退去曰：'君子不死于妇人之手。'呼长子明洪
近榻曰：'曾子云：吾得正而毙焉，斯已矣。'命扶枕，

　　　　　　　　　　　　　　　蒋平阶研究

问正否者三。答曰：'正。'遂闭目而逝，私谥孝誉。"

1697 年（康熙三十六年）

姜垚为邵廷采《宋元明纪事》作序。

1698 年（康熙三十七年）

是年：

姜希辙卒。

1699 年（康熙三十八年）

朱彝尊时七十一岁，《经义考》三百卷成。陈廷敬、毛奇龄为序。

1704 年（康熙四十三年）

是年：

洪升卒。

尤侗卒。

1705 年（康熙四十四年，乙酉）

春，为商姓人葬地。

冬，为王姓人扦地。

《从师随笔》："乙酉（二运）春，先生为商姓葬一地，用艮山坤向。……是年冬，又为王姓扦一地，亦用此山向。"

1708 年（康熙四十七年，戊子）

是年：

潘耒卒。

1709 年（康熙四十八年，己丑）

是年：

朱彝尊卒。

1712 年（康熙五十一年，壬辰）

交付家中事，游蜀中，过锦江、剑阁、峨眉等地，至武昌，过汉江、登晴川阁，前后历时两年余。

《续水龙经》二卷："壬辰岁，了弃一切，将薄田数亩，付之儿曹，西抵蜀中，渡锦江、登剑阁、涉峨眉之巅。南至武昌，登黄鹤楼，渡汉江，上晴川阁，领略万千，荏苒不觉有二年矣。"

案：

平阶所在顺治、康熙时期，壬辰之年，有顺治九年（1652 年）、康熙五十一年（1712 年）两次。顺治九年，其时平阶约三十岁，与弟子唱和并汇《支机集》，秋、冬在嘉兴。故此壬辰年应在康熙五十一年。

1714 年（康熙五十三年，甲午）

春，为沈孝子葬亲。

> 《从师随笔》："沈孝子，东关人，亲死下葬，地师为之
> 立辰戌兼乙辛山向。夫子与余过此，孝子扶棺大哭，其
> 状甚惨。师询观者，知其孝行，为之立乾巽向。葬后十
> 年，孝子以商起家，积资十余万，生子数人，皆容貌魁
> 伟，聪明过人。葬时为上元甲午年春。（二运）"

> 案：

> 上元二运甲午，顺治、康熙两朝，为康熙五十三年。

归乡里，于焦山寺遇虚无上人，得《水龙》一经。

> 《续水龙经》二卷："壬辰岁，……荏苒不觉有二年矣。
> 后计归乡里，渡长江至金焦之间……夕泊焦山寺前，闻
> 有虚无上人者，乃丛林中一了道师也，兼阴阳玄理，人
> 莫能测。登堂进谒，则有苍颜白发，清癯异常，形如槁
> 木，心若死灰者。遂延坐法堂，谈笑间不觉斜月东升，
> 水天一色，万里雪涛，晶莹一片，如坐琉璃世界中，一
> 时万缘皆空矣。上人适出水龙一经示余，余细玩良久，
> 共约有八十图，皆自古名冢吉地，格格成形，实为今世
> 所鲜。……今与余作竟夕谈，深知余于阴阳之理，尚克
> 讲求，遂慨然授之。"

所见蒋平阶事迹至此竟。

参考文献

B

白坚《夏完淳集笺校》，上海古籍出版社 1991 年版。

毕义星等《毕氏进士》，山东人民出版社 2013 年版。

C

陈维崧《湖海楼文集》，光绪辛卯弇山铎署重刊本。

陈维崧《箧衍集》，安徽师范大学出版社 2015 年版。

陈雪涛《阳宅心要》，武陵出版社 2007 年版。

陈子龙《安雅堂稿》，辽宁教育出版社 2003 年版。

陈子龙《陈子龙诗集》，上海古籍出版社 1983 年版。

崔国光、贾秀丽《厚斋自著年谱》，《蒲松龄研究》2001 年 4 期。

崔华、张万寿《康熙扬州府志》，康熙刻本。

《川沙县志》，民国二十四年版。

D

《丹阳县志补遗》，民国丁卯版。

丁绍仪辑《国朝词综补》，光绪戊戌刻本。

董钦德、王之宾《绍兴府志》，康熙二十四年刻本。

杜登春《社事始末》，中华书局 1991 年版。

端木国瑚《杨曾地理元文四种本》，道光五年刻本。

F

范知欧《沈德符家族藏书事迹始末钩沉》，《文献季刊》2011 年第 4 期。

冯乾编校《清词序跋汇编》，凤凰出版社 2013 年版。

《福全镇志》，中华书局 2012 年版。

冯天瑜《明清文化史散论》，华中工学院出版社 1984 年版。

傅振商辑《地理醒心录》，天启五年刻本。

G

高亨《周易古经今注》，中华书局 1987 年版。

高亨《周易大传今注》，清华大学出版社 2010 年版。

高友谦《理气风水》，团结出版社 2010 年版。

葛芝《卧龙山人集》，康熙九年刻本。

关长龙《敦煌本堪舆文书研究》，中华书局 2013 年版。

冠元《和谐风水：玄空操作实务》，中国商业出版社 2010 年版。

郭廷弼等修，周建鼎、包尔庚等纂《松江府志》，康熙二年刻本。

《国学论丛》，北京清华学校研究院 1927 年版。

H

何晓昕、罗隽《风水史》，上海文艺出版社 1995 年版。

胡春丽《汪懋麟年谱》，复旦大学出版社 2014 年版。

J

蒋平阶《支机集》，赵尊岳辑《明词汇刊》本。

蒋平阶《传家阳宅得一录》，尹有本辑《四祕全书十二种》嘉庆丁卯年刻本。

蒋平阶《地理辨正补义五卷》，尹有本辑《四祕全书十二种》嘉庆丁卯年刻本。

蒋平阶《水龙经》，指海本 / 借月山房本 / 古今图书集成本 / 海南出版社 2003 年版。

蒋平阶《天元歌》，《地理录要》嘉庆壬戌年刻本。

蒋平阶《地理辨正》，《地理辨正翼六卷》光绪文光堂刻本。

蒋平阶《地理古镜歌》，尹有本辑《四祕全书十二种》嘉庆丁卯年刻本。

蒋平阶《地理古镜歌》，吴省兰辑《艺海珠尘》听彝堂藏版。

蒋平阶《天惊秘诀》，道光抄本。

姜垚《从师随笔》，《沈氏玄空学》中央编译出版社 2011 年版。

计六奇《明季南略》，中华书局 1984 年版。

K

阚琉声《〈明史纪事本末·东林党议〉与〈东林始末〉关系考》，《齐鲁学刊》2015 年第 1 期。

L

李定信《四库全书堪舆类典籍研究》，上海古籍出版社 2007 年版。

李国木《地理大全》，崇祯金陵怀德堂刻本。

李亨特等《重修绍兴府志》，乾隆五十七年刊本。

李延罡《南吴旧话录》，上海古籍出版社 1985 年版。

李应泰等修、章绶纂《重修宣城县志》，光绪十四年刻本。

李聿求《鲁之春秋》，清刻本。

林玫仪《〈支机集〉完帙之发现及其相关问题》，《词学》第十五辑。

刘勇刚《云间派文学研究》，中华书局 2008 年版。

柳洪泉《三元总录》，世界知识出版社 2010 年版。

陆次云《皇清诗选》，康熙刻本。

陆勇强《陈维崧年谱》，中国社会科学出版社 2006 年版。

M

马祖熙《陈维崧年谱》，上海古籍出版社 2007 年版。

毛奇龄《西河文集》，文渊阁《四库全书》本。

梅清《瞿山诗罢》，康熙三十二年刻本。

N

南怀瑾《易经系传别讲》，复旦大学出版社 2003 年版。

Q

钱海岳《南明史》，中华书局 2006 年版。

钱载坤《箨石斋文集》，乾隆刻本。

《钦定古今图书集成》，中华书局 1934 年影印本。

屈大均《明四朝成仁录》，《广东丛书》，民国商务印书馆长沙影印排印。

R

箬冠道人《八宅明镜》，乾隆五十五年苏州东真堂刻本。

S

邵廷采《东南纪事》，光绪十年徐斡刻本。

沈德潜《清诗别裁集》，中华书局 1975 年版。

沈季友编《檇李诗系》，文渊阁《四库全书》本。

施念曾《施愚山先生年谱》，清光绪刻本。

施闰章《施闰章诗》，广陵书局 2006 年版。

余嘉锡《四库提要辨证》，中华书局 1980 年版。

余健《堪舆考源》，东南大学博士论文 2000 年版。

喻长霖《民国续修台州府志》，民国二十五年印本。

袁国梓《康熙嘉兴府志》，康熙二十一年刻本。

元祝垚《地理辨正疏批论》，清刻本。

Z

张惠言《青囊天玉通义》，光绪八年刻本。

张煌言《张苍水诗文集》，《台湾文献丛刊》第 142 册。

张觉正《阳宅爱众篇》，世界知识出版社 2011 年版。

张其淦《明代千遗民诗詠》，明文书局影印本 1930 年版。

《张泽志稿》，上海社会科学院出版社 2005 年版。

张文虎等纂《光绪重修华亭县志》，光绪五年刻本。

章仲山《天元五歌阐义》，内蒙古人民出版社 2010 年版。

章仲山《章仲山拗马秘诀》，清抄本。

赵尔巽等《清史稿》，中华书局 1998 年版。

赵廷栋《地理五诀》，光绪十年刻本。

朱彝尊《静志居诗话》，扶荔山房嘉庆己卯年刻本。

赵尊岳《明词汇刊》，上海古籍出版社 2012 年版。

郑逸《图解沈氏易学》，陕西师大出版社 2010 年版。

周绚隆《陈维崧年谱》，人民出版社 2012 年版。

图书在版编目(CIP)数据

蒋平阶研究 / 刘轶著 .— 上海 ：上海社会科学院
出版社，2020
ISBN 978 - 7 - 5520 - 3231 - 4

Ⅰ.①蒋… Ⅱ.①刘… Ⅲ.①蒋平阶(1616 - 1714)
—人物研究 Ⅳ.①K825.89

中国版本图书馆 CIP 数据核字(2020)第 114825 号

蒋平阶研究

著　　者：刘　轶
责任编辑：刘欢欣
封面设计：周清华
出版发行：上海社会科学院出版社
　　　　　上海顺昌路 622 号　邮编 200025
　　　　　电话总机 021 - 63315947　销售热线 021 - 53063735
　　　　　http：//www. sassp. cn　E-mail：sassp@ sassp. cn
照　　排：南京理工出版信息技术有限公司
印　　刷：上海展强印刷有限公司
开　　本：787 毫米×1092 毫米　1/32
印　　张：9.375
插　　页：4
字　　数：182 千字
版　　次：2020 年 10 月第 1 版　2020 年 10 月第 1 次印刷

ISBN 978 - 7 - 5520 - 3231 - 4/K·565　　　　　　定价:68.00 元